ENTRENA A TU CEREBRO
MIENTRAS HACES CACA

MATHIA SONLAN

ENTRENA A TU CEREBRO MIENTRAS HACES CACA

temas de hoy

Corrección de estilo a cargo de Harrys Salswach

temas de hoy, un sello editorial de Editorial Planeta, S. A.
Avda. Diagonal, 662-664, 08034 Barcelona (España)
www.planetadelibros.com

Primera edición: octubre de 2024
Segunda impresión: octubre de 2024
ISBN: 978-84-10293-10-6
Depósito legal: B. 15.650-2024
Composición: Maria Garcia
Impresión y encuadernación: Gohegraf
Printed in Spain - Impreso en España

ÍNDICE

INTRODUCCIÓN

Isaac Roddenhof es físico y matemático, profesor e investigador de la Universidad de Ámsterdam. Ha pasado su vida rodeado de libros, libretas para escribir y dibujar y herramientas de cálculo. Se ha relacionado más con cifras que con personas. Y no es de extrañar, el Dr. Roddenhof tiene un cociente intelectual de 196. Eso le ha permitido llegar a deducciones maravillosas, pero también le ha marcado en la manera de relacionarse con el mundo. A veces habla de manera poco comprensible porque su mente va más rápido que las palabras y hace conexiones que no podemos deducir. Se refugia en los acertijos, es su manera de entretenerse y de clasificar a las personas. Si quieren jugar con él y entienden su lenguaje, les acepta. Si no, continúa con lo suyo.

Isaac sabe que resolver acertijos potencia la capacidad del cerebro para aprender y afrontar los retos del día a día. Además de mantenernos jóvenes mentalmente. Aunque también está convencido de algo muy curioso que nunca antes nadie ha probado: resolver acertijos mientras estás en el baño ayuda a nuestro aparato digestivo a evacuar. A través de un estudio que hizo con él mismo como sujeto, comprobó que si intentaba resolver problemas mientras estaba sentado en el retrete, aumentaba la probabilidad de hacer un *perfect*. O lo que es lo mismo, que después de salir la caca, nos limpiamos y el papel está completamente limpio. Y ya si la concentración es máxima, Isaac corroboró que no encontraba las heces por ningún lado. La única explicación es que el proyectil salía propulsado hasta dentro del agujero del desagüe. Una sensación similar al *¡eureka!*

Así que, para ampliar sujetos del estudio, Isaac ha editado este libro. Nos propone varios acertijos clasificados en seis grandes bloques que pondrán a prueba tu mente y, lo más importante, harán que entrenes el cerebro... y el intestino. Pondrás en práctica el pensamiento lateral, habilidades matemáticas, lingüísticas, la lógica, la agudez visual y el más puro estilo test psicotécnico.

Todos los retos tienen soluciones. Así que no te preocupes, si crees que no podrás estar al nivel de Isaac, él ha preparado las respuestas para que puedas seguir avanzando.

¡Mucha suerte y a por el *perfect!*

ENTRENA A TU CEREBRO POTENCIANDO EL PENSAMIENTO LATERAL

Siempre hay otra manera, seguro que se puede demostrar de otra forma o se puede seguir otro camino. Esta es la premisa que me ha hecho evolucionar. Nunca estoy contento si no encuentro una respuesta más a la que parece evidente. Para hacerlo, tienes que pensar distinto. ¿Serás capaz?

ACERTIJOS CORTOS

Para aprender hay que pasarlo bien. Retos... disfrutar... ¡Resolver! Cuanto más rápido mejor. Por lo que para empezar lo haremos con pequeños retos, que son como las aceitunas del aperitivo. Yo los hago con el cronómetro en la mano. Ya me dirás cuál es tu récord. El mío... es al nanosegundo de acabar la última palabra. ¿No te lo crees? Tienes razón. Muchas veces los resuelvo antes de terminar la explicación.

¡Vamos a empezar!

1 Empezamos con un juego sencillo, como para niños. Dos personas, ambas entusiastas del tres en raya, se enfrentan en una serie de partidas. Ahora, he aquí un enigma fascinante: se jugaron un total de cinco partidas, y de estas, cada jugador salió victorioso en tres ocasiones. A primera vista, esto desafía la lógica matemática. Pero, ¡es posible! ¿Sabrías decir cómo?

2 En esta ocasión el gancho es el dinero.
Hay seis monedas dispuestas meticulosamente dentro de una caja de acero. Seis personas, cada una con una mirada de codicia en los ojos, se acercan y toman una moneda cada una. ¡Ah, pero aquí viene el giro, el sublime golpe maestro de mi ingenio!
¿Cómo es posible que, a pesar de que todas tienen su botín, una moneda permanezca todavía en la caja, desafiando las leyes de la lógica común?

3 Una mujer, una extraordinaria pionera de la biología humana, da a luz a dos hijos varones. Estos niños ven la luz por primera vez en el mismo momento exacto, la misma hora, el idéntico día del mes y del año. ¡Ah, pero espera! Aquí yace la paradoja que hará temblar tu entendimiento: ¡estos niños no son gemelos! ¿Cómo puedes explicar esto?

4 Imagínate a un hombre, solitario y audaz, conduciendo a gran velocidad por una serpenteante carretera. Pierde el control y el vehículo acaba cayendo por un empinado terraplén hasta sumergirse en las gélidas aguas de un río. Nuestro intrépido conductor intenta escapar, pero descubre con horror que su brazo está roto, el cinturón de seguridad lo aprisiona y está atrapado sin esperanza aparente de liberación. Pero dos horas más tarde sigue vivo. ¿Cómo logró este hombre extraordinario sobrevivir a tan insuperables adversidades?

5 ¡Qué misterio tan fascinante! Imagínate una noche turbulenta durante la Segunda Guerra Mundial y un bombardero aliado surcando los cielos oscuros de Alemania. ¡Oh, qué maravilla de ingeniería y precisión, todo funcionando como un reloj suizo!

Pero espera, cuando el piloto, con una mezcla de nerviosismo y determinación, ordena abrir las compuertas de las bombas, ¡zas!, se abren. Luego, con un gesto dramático, ordena soltarlas y, ¡zas, otra vez!, se soltaron. Pero, ¡oh, la paradoja!, las bombas no cayeron.

¿Y por qué no cayeron, te preguntas? ¡Piensa un poco!

6 ¡Imagina, si puedes, un jardín sereno, tranquilo, bañado por la luz de un sol ya ocultándose! En medio de este paraíso bucólico, yaciendo sobre el césped, encontramos cinco trozos de carbón, una zanahoria y una gorra, dispuestos de manera enigmática.

¡Nadie los arrojó ahí! No, no, no..., pero hay una razón de una perfecta lógica, aunque inusualmente encantadora para las mentes más sensibles, para justificar su presencia.

7 Dos personas, de nacionalidad japonesa, esperaban a la entrada del Museo del Louvre en París. Todo estaba lleno de turistas y curiosos, el aroma de los *croissants* recién horneados flotaba en el aire. Estas dos personas estaban inmersas en una conversación profunda, quizás sobre la majestuosidad del arte o la geometría de la famosa pirámide. Y aquí está el enigma: una de ellas era el padre del hijo de la otra persona. ¡Oh, qué dilema! ¿Cómo puede ser esto?

8 Visualiza, si puedes, la escena: un tren velocísimo surcando el paisaje, y en uno de sus compartimentos, un hombre solo. Nada más que unas gafas oscuras son testigo de los últimos momentos de este desafortunado individuo antes de arrojarse a las vías. ¿Por qué escogió este destino?

9 Imagina a cinco hombres avanzando por un camino campo a través. Cuando, de repente, se forma una tempestad eléctrica y empieza a llover a cántaros. Los primeros cuatro hombres, al sentir las gotas caer, apuran el paso, corren como poseídos, intentando evitar mojarse. Pero el quinto hombre no muestra ninguna prisa, no acelera, no corre, y, sin embargo, ¡permanece completamente seco! ¿Sabes decir por qué?

10 Un intrépido viajero llega a una aldea remota sin saber nada de sus habitantes y sus costumbres. Lleva el pelo desaliñado y decide ir a la calle principal donde se encuentran las únicas dos barberías del lugar. Observa detenidamente a cada barbero: uno reluce en orden celestial, parece que cada hebra de cabello haya sido capturada al vuelo. Mientras que el otro es un caos infernal, el barbero salta entre sillas como un fauno enloquecido. Ambos cobran la misma tarifa por cortar el pelo. El viajero opta por la barbería caótica y no por la ordenada. ¿Por qué razón?

11 Hay una mesa donde una madre se sienta con sus dos hijos. Observamos cómo ella les habla y ellos, con sincera reciprocidad, le responden. Sin embargo, entre los dos hermanos no se entabla ni una sola conversación directa. ¡Ah, qué curioso fenómeno! Pero, ¿cuál podría ser la razón detrás de este singular comportamiento? Los hermanos no están enfadados entre ellos.

12 Durante la tumultuosa Revolución francesa, un pintor fue el encargado de retratar a uno de los nobles más destacados de París. Sin embargo, antes de comenzar su obra maestra solicitó una aguja e hilo. ¿Para qué iba a necesitarlos, si las ropas del duque estaban impecables y sin daños visibles?

13 Un delincuente fue retenido en una prisión de una isla volcánica. Tras unos días de olvido en su celda, los días transcurren sin agua ni comida. Sin embargo, al ser finalmente liberado, ¡sorprendentemente se muestra agradecido por su experiencia carcelaria! ¿Se ha vuelto loco?

14 Un conocido poeta francés fue enterrado en una de las criptas donde se encuentran algunos de los mejores escritores del país. Pero tuvo que ser enterrado sentado. ¿Por qué?

15 Un audaz austriaco estableció un récord mundial caminando los 1.401 kilómetros desde Viena hasta París en 55 días. Su promedio fue de solo 2,4 kilómetros por hora, una velocidad que podría parecer modesta a primera vista. Sin embargo, lo extraordinario radica en la duración del récord, que aún permanece invicto. ¿Por qué?

16 Un hombre yace muerto en un prado. Cerca de él hay un paquete cerrado. No hay ninguna otra criatura ni objeto a su alrededor. ¿Podrías deducir cómo murió?

SOLUCIONES

1 Las dos personas no estuvieron jugando entre sí.

2 Porque la última persona en coger la moneda también se ha llevado la caja.

3 La mujer ha tenido un parto múltiple, es evidente, de trillizos y no de gemelos.

4 La realidad es que el río no era lo suficientemente profundo como para inundar todo el coche, así que el conductor pudo esperar hasta que llegara el equipo de rescate.

5 No caían las bombas porque el bombardero volaba invertido, cabeza abajo.

6 Los objetos fueron usados por niños para hacer un muñeco de nieve. Una vez derretido han quedado esparcidos.

7 Los dos turistas japoneses eran marido y mujer.

8 El hombre acababa de finalizar un tratamiento para curarse de la ceguera. Tenía esperanzas de que le hubiera ido bien. Viajaba de vuelta a su hogar con unas gafas que le cubrían los ojos para protegerlos de la luz. No pudo esperar y decidió quitárselas, pero no vio nada, creyó que el tratamiento había fracasado y se arrojó, desconsolado, del tren en marcha. En realidad, el trata-

miento fue un éxito, solo que justo cuando se quitó la venda el tren atravesaba un túnel.

9 Los cuatro hombres llevaban al quinto, que se encontraba en un ataúd....

10 El viajero dedujo correctamente que, si solo había dos barberos en la ciudad, cada uno le cortaría el cabello al otro. Así que el barbero cuidadoso le cortaba mal el cabello al barbero desgreñado, mientras que este le cortaba con esmero el cabello al barbero cuidadoso. Así que el viajero eligió al desgreñado.

11 La madre dejó a su primer hijo con parientes durante una temporada en la que estuvo en otro país por trabajo. En este nuevo país se casó con otro hombre y tuvo otro hijo. Cuando el hijo mayor la visitó por primera vez, hubo emoción, pero los medios hermanos hablaban diferentes idiomas y se comunicaban a través de su madre.

12 El noble había sido guillotinado por los revolucionarios, así que el pintor cosió la cabeza al cuerpo, que fue vestido para que el artista pudiera empezar su trabajo.

13 Mientras el prisionero estaba preso, el volcán de la isla estalló, así que el prisionero pudo sobrevivir porque se encontraba en una celda bajo tierra.

14 La tumba asignada al poeta era tan pequeña que tuvo que ser enterrado sentado para que entrara en ella.

15 Hizo todo el camino sobre las manos, y así fijó el récord mundial de distancia recorrido sobre las manos. La dificultad explica que nadie más lo haya intentado.

16 El hombre había saltado de un avión, pero su paracaídas no se había abierto. Era el paquete cerrado a su lado.

ACERTIJOS VISUALES

La observación es una de las claves de la ciencia. Si no prestas atención al entorno, no puedes comprender por qué sucede algo ni si está pasando algo. ¿Qué tal es tu capacidad de observación? Me dirás que bien, pero he visto a muchos aspirantes que no se dan cuenta de una evidencia aunque la tengan delante de las narices. Ahora tienes la oportunidad de sorprenderme, ¡no me defraudes!

1

No lo parece, pero es una simple suma. ¿Qué tiene de especial? Fíjate bien.

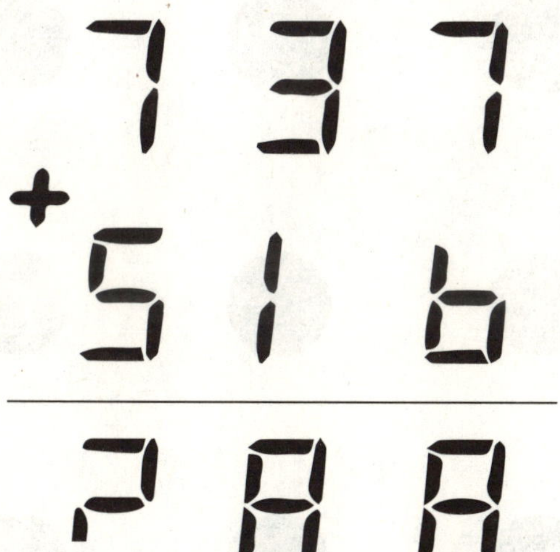

2

Para poder resolver este acertijo visual tienes que unir todos los puntos sin levantar el lápiz del papel. ¿Serás capaz? Yo lo resolví con 11 meses de vida.

3

Para poder salir de este laberinto tienes que seguir el camino cruzando cada vez un cuadrado y un círculo, un cuadrado y un círculo y así sucesivamente.

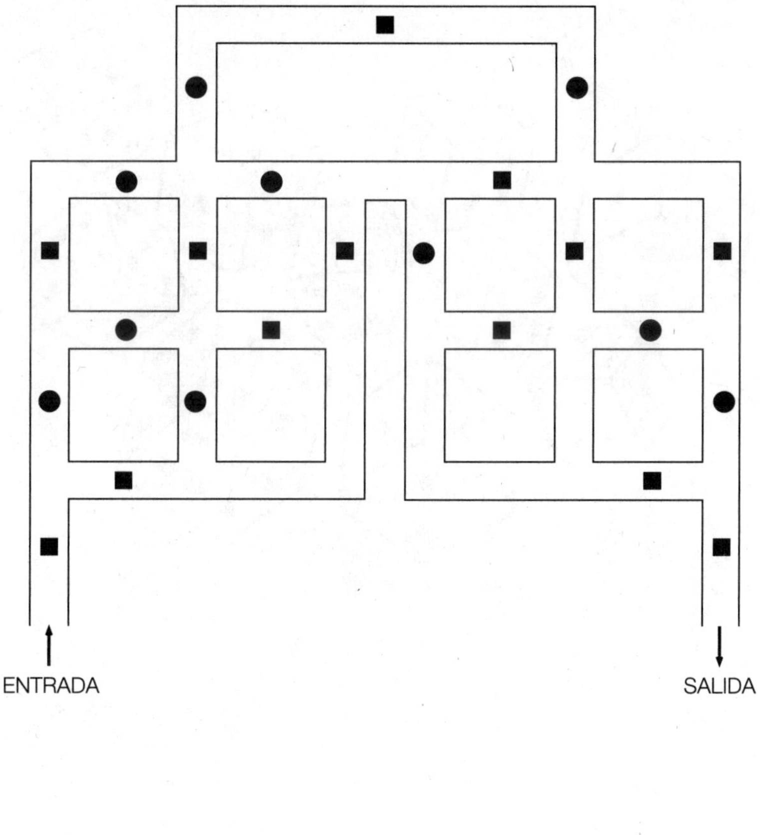

4

En la imagen siguiente hay un dado que muestra un número incorrecto distinto al real, como muestra el resto de dados que hay, ¿cuál es?

SOLUCIONES

1 No se trata de una suma normal. Para poder encontrar la solución hay que unir todas las líneas de los números superiores de la suma a las de los números inferiores. El resultado es el de todas las líneas unidas.

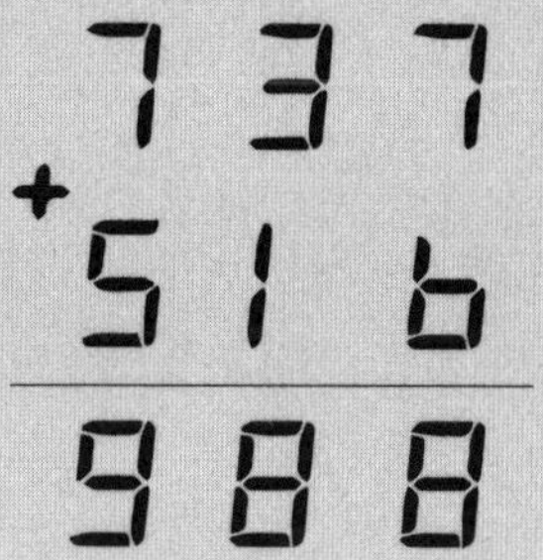

2 Nadie dijo que tenías que unir los puntos sin salirte del cuadrado que formaban los puntos. Los números indican el orden en el que se traza la línea.

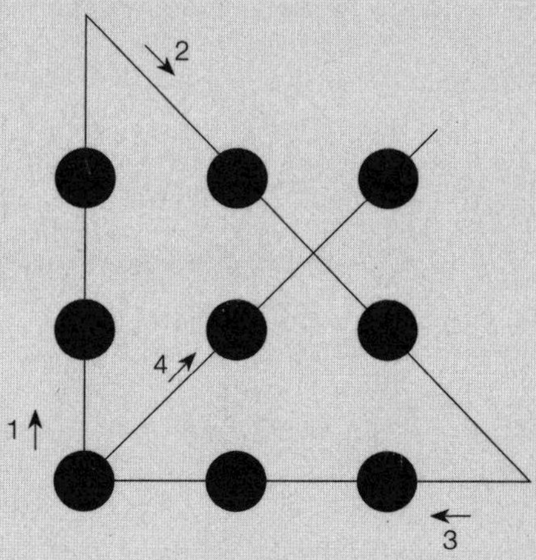

3 Este es el camino a seguir; ya ves que pasar dos veces por el mismo sendero, en ocasiones, ayuda a encontrar salidas.

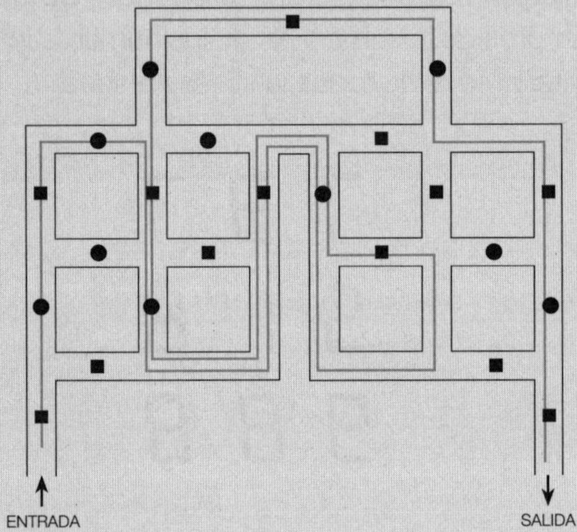

4 Es el dado pequeño de la izquierda, que muestra el número 4 cuando debería tener el número 5.

RETOS CON CERILLAS

Para que descansara de leer e investigar, mi padre me encerraba en el cuarto donde guardaba la escoba y algunos trastos. Entre ellos había cajas de cerillas. Esto para mí era la salvación. Me pasaba el rato jugando con ellas, creando formas, fórmulas, letras y jeroglíficos. Se pueden crear maravillas con unos cuantos fósforos. ¿Quieres verlo?

1

Hay que quitar ocho cerillas de esta figura y conseguir que queden dos cuadrados iguales.

2

Intenta formar siete cuadrados usando solo doce cerillas.

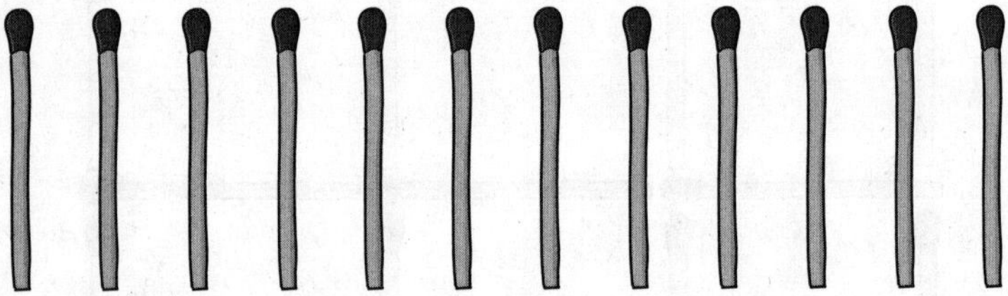

3

Las trece cerillas están dispuestas de tal forma que conforman seis figuras cerradas. El reto consiste en quitar una, reorganizar las restantes y conseguir de nuevo otras seis figuras cerradas.

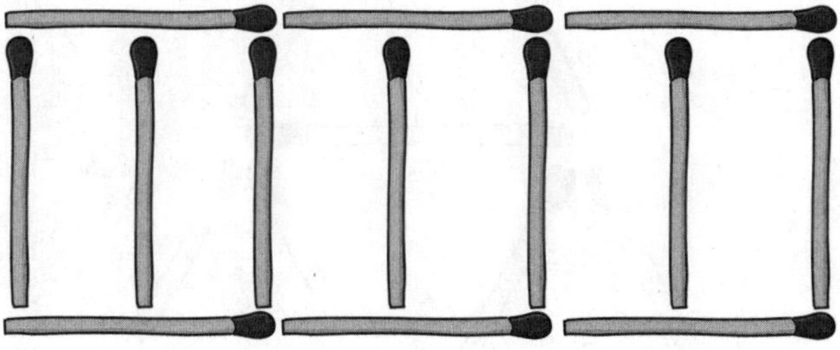

4

Retira dos cerillas de forma que queden dos triángulos equiláteros.

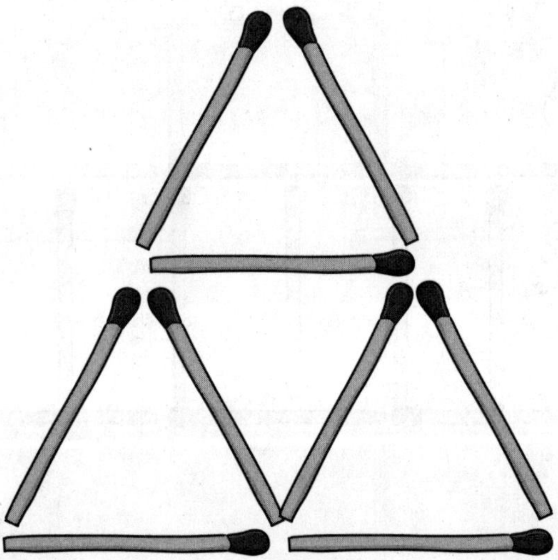

5

Reubica tres cerillas para formar tres cuadrados.

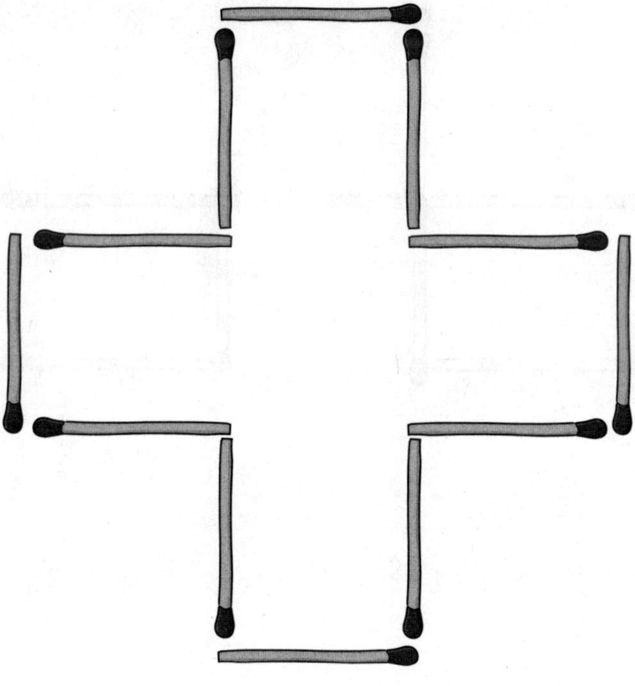

6

Reubica tres cerillas para formar cuatro cuadrados.

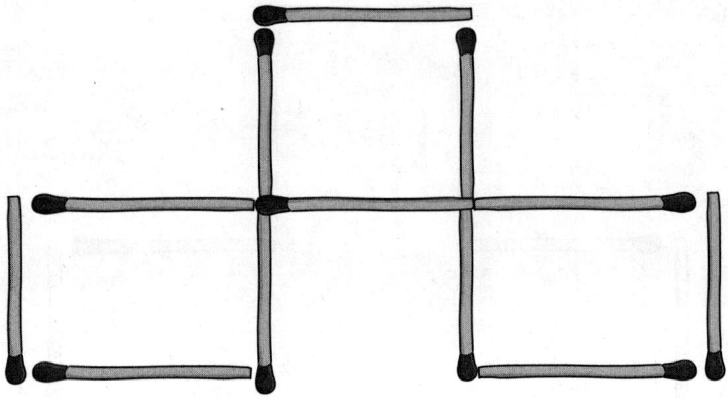

7

Añade dos cerillas para que la ecuación sea correcta.

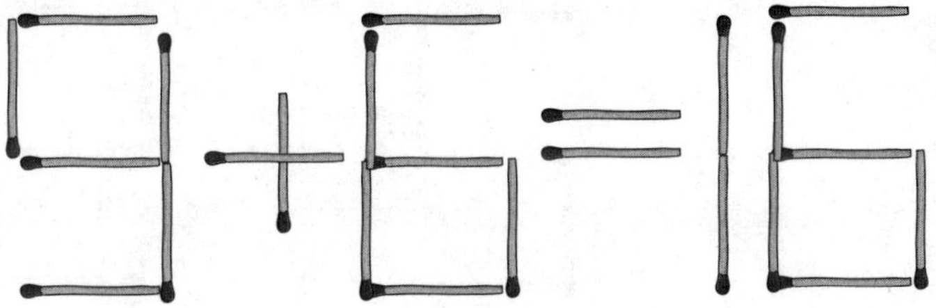

8

Reubica dos cerillas para que la ecuación se vuelva correcta.

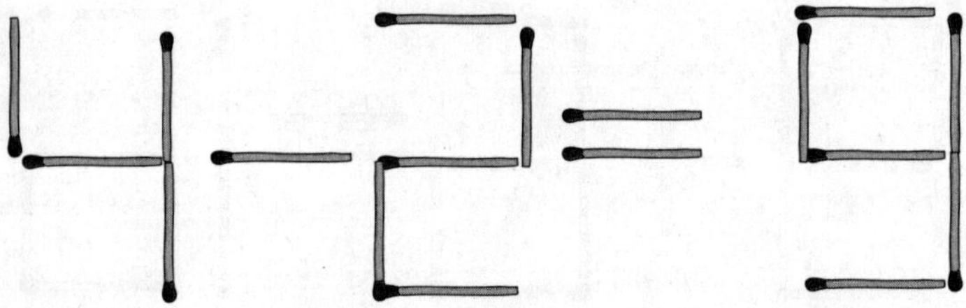

SOLUCIONES

1

2

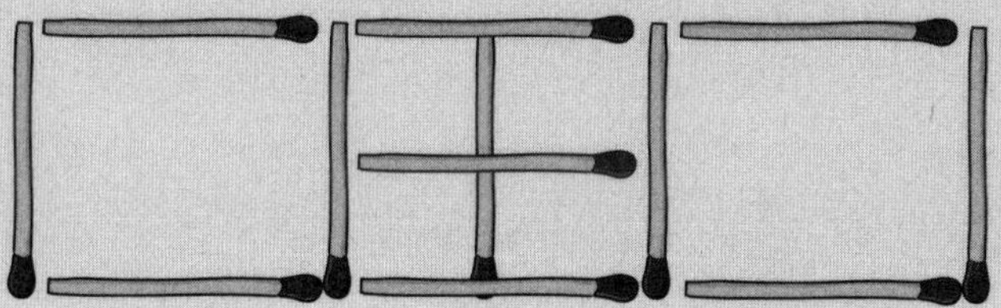

3

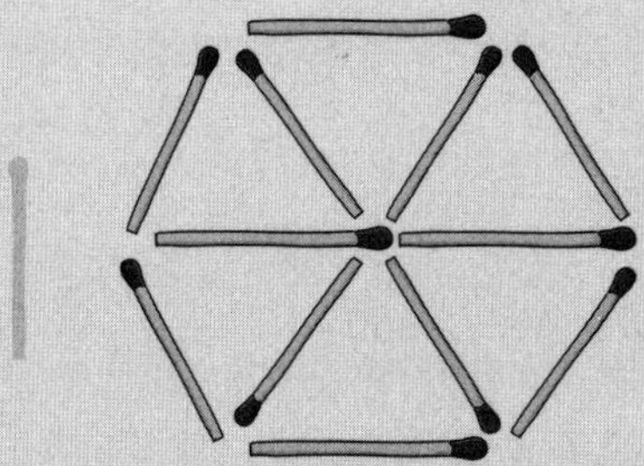

4

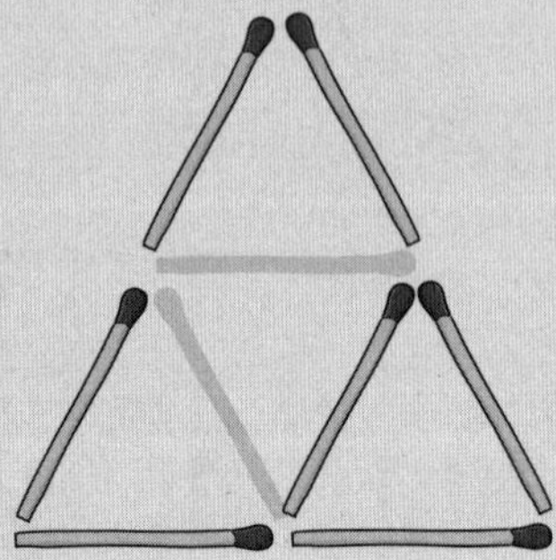

5

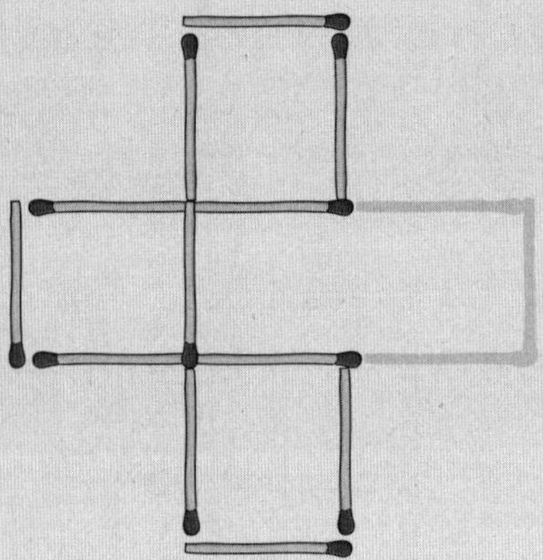

6

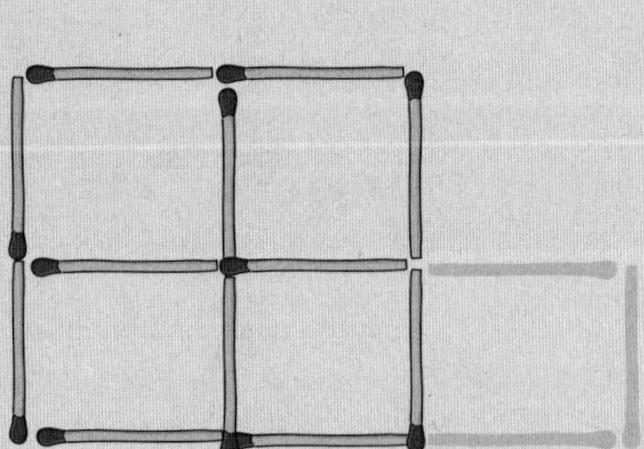

7

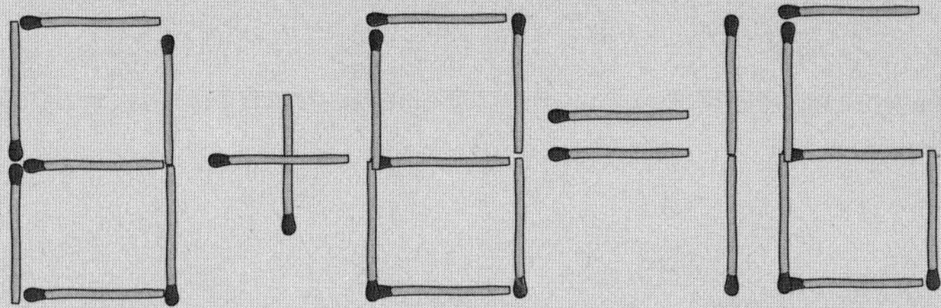

8

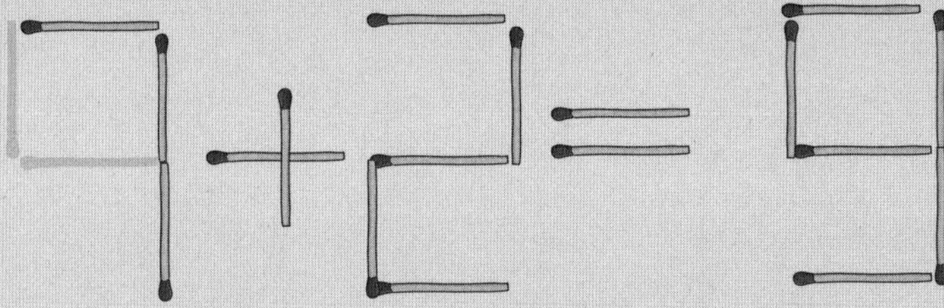

ADIVINANZAS

Desde siempre me ha costado comunicarme, la gente no me entiende. O yo no entiendo a las personas. Hablan y hablan, pero no dicen nada, no me aportan nada nuevo. Siempre me decían que mi manera de hablar parecía formular adivinanzas. Y empecé a hacerlo de verdad. Así pasaba el rato y me divertía en una conversación. Es mi manera de conectar con los demás. ¿Voy a conectar contigo?

1 El padre de Isaac tiene cinco hijos: Norte, Sur, Este y Oeste. ¿Cómo se llama el quinto hijo?

2 ¿Sabrías decir cómo he logrado que una pelota de tenis, que he lanzado, viaje una distancia corta, se detenga, invierta su dirección y regrese a mi mano sin rebotar contra ningún objeto ni usar cuerdas o accesorios?

3 Un desafío: nombra tres días seguidos sin usar los nombres lunes, martes, miércoles, jueves, viernes, sábado, domingo.

4 Si a dos hombres les toma dos días cavar dos hoyos, ¿cuánto tiempo les tomará a cuatro hombres cavar medio hoyo?

5 Si ves un pájaro posado en la rama de un árbol, ¿cómo quitas la rama sin molestar al pájaro?

6 Un hombre camina bajo la lluvia sin nada que lo proteja. Sin embargo, no se moja ni un solo pelo de la cabeza. ¿Cómo es esto posible?

7 Hay un vaso lleno de agua, ¿cómo sacas agua del fondo sin derramar agua?

8 En el lado izquierdo de la carretera hay una Casa Verde, en el lado derecho de la carretera hay una Casa Roja. Entonces, ¿dónde está la Casa Blanca?

9 Una mujer tiene cinco hijos. La mitad de ellos son niñas. ¿Cómo es esto posible?

10 ¿Cuándo 5 más 2 será igual a 1?

11 Hay dos personas: un adulto y un bebé que van a la cima de una montaña. El pequeño es hijo del adulto, pero el adulto no es padre del niño, ¿quién es el adulto?

12 Dos patos van delante de dos patos. Dos patos van detrás de dos patos. Dos patos van entre Dos patos. ¿Cuántos patos hay?

SOLUCIONES

1 Isaac es el quinto hijo.

2 He lanzado la pelota de tenis hacia arriba. Se ha detenido en un punto y ha vuelto a bajar.

3 Ayer, hoy y mañana.

4 No se puede cavar medio hoyo. En todo caso será un hoyo más pequeño.

5 Esperando a que se vaya el pájaro.

6 Es calvo.

7 Usando una pajita.

8 Es evidente que está en Estados Unidos.

9 Todos los niños son niñas, por lo que la mitad de las niñas siguen siendo niñas.

10 Cuando cinco días más dos días son siete días, lo que equivale a una semana.

11 Su mamá.

12 Cuatro patos.

ENTRENA A TU CEREBRO POTENCIANDO LAS HABILIDADES MATEMÁTICAS

Mi manera de ser es investigar para relacionar hechos con evidencias científicas. Son iguales para todo el mundo. La lógica no sé por qué puede variar según la persona. ¡Yo la mía la tengo bien clara! ¿Sabrías usar la tuya para resolver estos acertijos?

SUDOKUS

Una buena manera de *empatizar* con las matemáticas es el sudoku. Cuando los conocí, devoraba los libros a decenas. ¡Me pareció brillante como entretenimiento! Te propongo unos cuantos sudokus de distintos niveles. Así vas entrenando el cerebro.

Antes de empezar, te recuerdo las normas para resolverlos:

- Cada fila debe contener los números del 1 al 9 sin repetir.
- Cada columna debe contener los números del 1 al 9 sin repetir.
- Cada subcuadro de 3x3 debe contener los números del 1 al 9 sin repetir.
- Si un número solo puede ir en una posición dentro de una fila, columna o subcuadro de 3x3, colócalo allí.

¡Suerte!

1

Hasta un simple sudoku puede convertirse en una aventura épica. En este caso no tiene que ser muy difícil, su nivel es mcdio.

9	5	2						7
			5	7		3		1
	1	3				9	8	
8		7				1	5	9
5			1		3		7	
1		9	7		5		3	
		5		3	1			
2	9		4			5		3
			9	5		7	4	8

2

En mi caso, un sudoku de nivel medio como este es solo un calentamiento.

	6		4	3				5
3	8	5		1		4		
	2			7	5			8
5			3			2	1	9
1	9		2		7			3
		2		9			5	
	5	6		4	9		8	
7		3	1				9	
			5		3	6	4	

3

A ver si este sudoku de nivel medio sigue siendo pan comido para ti.

	9	8			2	4		
					4		7	1
7		4		3		2	5	
3			5	2				4
8				4		5	1	
4			6	1		7		3
	4	2	3					7
	5	7	4	9			2	
		3	2		7	9		

4

Este sudoku apunta a un nivel un poco más difícil, así que el reto empieza a ser interesante.

			7					
	4			6	1		5	
9	6	7	3					
							1	6
6			5	4	7			
5		2	6					9
1		9			6			
				2	9			5
	2			3			9	1

5

Este sudoku de nivel difícil tiene que ser como un desayuno ligero: complicado, pero delicioso.

	2		5	9			3	
		5		8		7		
4	6					8		9
1			2		8		6	
		8	9	4			1	
	5	4						7
					9	1		6
		6	7	1		5		
7					6			4

6

¿Te da miedo que sea muy difícil? Para mí esto es como un juego de niños. ¡Tú sigue intentando, lo estás haciendo... bien!

		6		1	7		2	
3	8				5		4	
		5	9				7	
1				7				8
7						3		1
		2	1		9			7
	3	1		9				
	2		7	5				
			8			5	1	

SOLUCIONES

1

9	5	2	**3**	**1**	**8**	**4**	**6**	7
6	**8**	**4**	5	7	**9**	3	**2**	1
7	1	3	**2**	**4**	**6**	9	8	**5**
8	**3**	7	**6**	**2**	**4**	1	5	9
5	**2**	**6**	1	**9**	3	**8**	7	**4**
1	**4**	9	7	**8**	5	**2**	3	**8**
4	**7**	5	**8**	3	1	**6**	**9**	**2**
2	9	**8**	4	**6**	**7**	5	**1**	3
3	**6**	**1**	9	5	**2**	7	4	8

2

9	6	**7**	4	3	**8**	**1**	**2**	5
3	8	5	**9**	1	**2**	4	**7**	**6**
4	2	**1**	**6**	7	5	**9**	**3**	8
5	**7**	**8**	3	**6**	**4**	2	1	9
1	9	**4**	2	**5**	7	**8**	**6**	3
6	**3**	2	**8**	9	**1**	**7**	5	**4**
2	5	6	**7**	4	9	**3**	8	**1**
7	**4**	3	1	**8**	**6**	**5**	9	**2**
8	**1**	**9**	5	**2**	3	6	4	**7**

3

5	9	8	**1**	**7**	2	4	**3**	**6**
2	**3**	**6**	**9**	**5**	4	**8**	7	1
7	**1**	4	**8**	3	**6**	2	5	**9**
3	**7**	**1**	5	2	**9**	**6**	**8**	4
8	**6**	**9**	**7**	4	**3**	5	1	**2**
4	**2**	**5**	6	1	**8**	7	**9**	3
9	4	2	3	**8**	**5**	**1**	**6**	7
6	5	7	4	9	**1**	**3**	2	**8**
1	**8**	3	2	**6**	7	9	**4**	**5**

4

2	**1**	**5**	7	**9**	**4**	**8**	**6**	**3**
3	4	**8**	**2**	6	1	**9**	5	**7**
9	6	7	3	**5**	**8**	**1**	**2**	**4**
4	**7**	**3**	**9**	**8**	**2**	**5**	1	6
6	**9**	**1**	5	4	7	**3**	**8**	**2**
5	**8**	2	6	**1**	**3**	**7**	**4**	9
1	**5**	9	**4**	**7**	6	**2**	**3**	**8**
8	**3**	**6**	**1**	2	9	**4**	**7**	5
7	2	**4**	**8**	3	**5**	**6**	9	1

5

8	2	**7**	5	9	**4**	**6**	3	**1**
9	**1**	5	**6**	8	**3**	7	**4**	**2**
4	6	**3**	**1**	**2**	**7**	8	**5**	9
1	**3**	**9**	2	**7**	8	**4**	6	**5**
6	**7**	8	9	4	**5**	**2**	1	**3**
2	5	4	**3**	**6**	**1**	**9**	**8**	7
5	**8**	**2**	**4**	**3**	9	1	**7**	6
3	**4**	6	7	1	**2**	5	**9**	**8**
7	**9**	**1**	**8**	**5**	6	**3**	**2**	4

6

4	**9**	6	**3**	1	7	**8**	2	**5**
3	8	**7**	**2**	**6**	5	**1**	4	**9**
2	**1**	5	9	**4**	**8**	**6**	7	**3**
1	**6**	**3**	**5**	7	**4**	**2**	**9**	8
7	**4**	**9**	**6**	**8**	**2**	3	**5**	1
8	**5**	2	1	**3**	9	**4**	**6**	7
5	3	1	**4**	9	**6**	**7**	**8**	**2**
6	2	**8**	7	5	**1**	**9**	**3**	**4**
9	**7**	**4**	8	**2**	**3**	5	1	**6**

ACERTIJOS MATEMÁTICOS

Las matemáticas son la bestia negra de muchos alumnos. Y la mayoría de la gente dice que no las entiende porque no le gustan los números. ¡Menudo insulto a la ciencia! Las matemáticas son mucho más que números. Son una herramienta esencial en muchos campos, como la física, las humanidades, ¡e incluso la música! Pero sí, la base son los números. Empecemos por ahí, a ver adónde llegas.

1 Los tres números consecutivos

Venga, vamos a empezar con algo sencillo. ¿Cuáles son los tres números consecutivos que suman 72?

2 La carrera entre el conejo y la tortuga

Imagina esta carrera épica: el conejo da 10 saltos mientras que la tortuga da 5 pasos. Pero, ¡un salto del conejo es como 4 pasos de la tortuga! Ahora, si el conejo da 60 saltos, ¿cuántos pasos deberá dar la tortuga para alcanzarlo? ¡Asegúrate de que la tortuga no se tome una siesta en el camino!

3 Las frutas y el dinero

Imagina que estás en un mercado donde las matemáticas son tan jugosas como las frutas. Si 5 manzanas y 3 plátanos cuestan 8 €, y luego 3 manzanas y 5 plátanos cuestan 10 €, ¿cuánto cuesta 1 manzana y 1 plátano juntos? ¡Parece que las frutas tienen secretos matemáticos que resolver!

4 Las edades de Pedro y Ana

En el misterioso mundo de las edades, Pedro es dos veces más viejo que Ana, ¡pero la suma de sus edades es 33! ¿Cuántos años tiene cada uno? ¡Parece que las matemáticas y el tiempo se están divirtiendo con nosotros!

5 El triángulo con ángulos conocidos

Imagina un triángulo que tiene un ángulo de 90 grados y otro de 45 grados. ¿Cuántos grados tiene el tercer ángulo? ¡Parece que este triángulo tiene un ángulo que quiere ser diferente o no!

6 Los hermanos y el dinero

En la familia Matemática, Juan, Pedro y Diego tienen un total de 110,5 €. Si Juan multiplica lo que tiene por 2, Pedro por 3 y Diego por 4, ¡todos tienen la misma cantidad de dinero! ¿Cuánto tiene cada hermano?

7 El número misterioso

Imagina un número tan intrigante como que su doble más su mitad es igual a 30. ¿Cuál es ese número?

8 Los caramelos de María, Juan y Pedro

María tiene el triple de caramelos que Juan, y Juan tiene el doble de caramelos que Pedro. Juntos, ¡tienen un total de 108 caramelos! ¿Cuántos caramelos tiene cada uno? ¡A ver si con una historia de caramelos encuentras la matemática más dulce!

9 Las manecillas del reloj

Imagina un reloj en el que sus manecillas se superponen exactamente a las 12:00 del mediodía. ¿Cuánto tiempo pasará hasta que vuelvan a superponerse? ¡Parece que todo es cuestión de tiempo!

10 El precio original antes del descuento

En una tienda un artículo cuesta 120 € después de un descuento del 20 %. ¿Cuál era su precio original? ¡Vamos allá que estamos de rebajas!

11 Los grupos de alumnos

En una clase tan animada como una fiesta de cumpleaños hay más de 20 y menos de 30 alumnos. Si formamos grupos de 4 alumnos, sobran 2; pero si los agrupamos de 5 en 5, ¡sobra 1! ¿Cuántos alumnos hay en la clase? ¡A ver si apruebas!

12 Los vehículos de Antonio

En el extravagante garaje de Antonio, todos los vehículos son coches, salvo 2; todas son motocicletas, salvo 2; y todas son bicicletas, salvo 2. ¿Cuántos vehículos de cada tipo tiene? ¡Parece que Antonio está coleccionando una mezcla de ruedas!

SOLUCIONES

1 Los tres números consecutivos: 23+24+25.

2 La carrera entre el conejo y la tortuga: el conejo da un total de 240 pasos de tortuga.

3 Las frutas y el dinero: 2,25 €.

4 Las edades de Pedro y Ana: Pedro tiene 22 años y Ana 11.

5 El triángulo con ángulos conocidos: 45 grados

6 Los hermanos y el dinero: Juan tiene 51 €; Pedro tiene 34 €; Diego tiene 25,5 €.

7 El número misterioso: 12.

8 Los caramelos de María, Juan y Pedro: Pedro tiene 12 caramelos; Juan tiene 24 caramelos; María tiene 72 caramelos.

9 Las manecillas del reloj: 65 minutos, ya que se superpondrán a la 1:05 h.

10 El precio original antes del descuento: 150 €.

11 Los grupos de alumnos: 26.

12 Los vehículos de Antonio: 3, 1 de cada.

KENKENS

Si has resuelto los sudokus, vamos a dar un paso más. El *kenken* ya es mi divertimento preferido. Combinar operaciones matemáticas simples es de mis pasatiempos favoritos cuando voy al baño los domingos. ¡Algo ligerito, que el cerebro tiene que descansar!

Te recuerdo las reglas básicas del *kenken*:

- Cada número del 1 al 5 debe aparecer una sola vez en cada fila y en cada columna.
- Además, las celdas están agrupadas en regiones, delimitadas por bordes más gruesos, y en cada región se da un número objetivo y una operación matemática (suma, resta, multiplicación o división).
- Los números en cada región deben combinarse para igualar el número objetivo usando la operación dada, y cada número dentro de la región no puede repetirse.

1

A ver si puedes descifrar este *kenken* más rápido que un cohete.

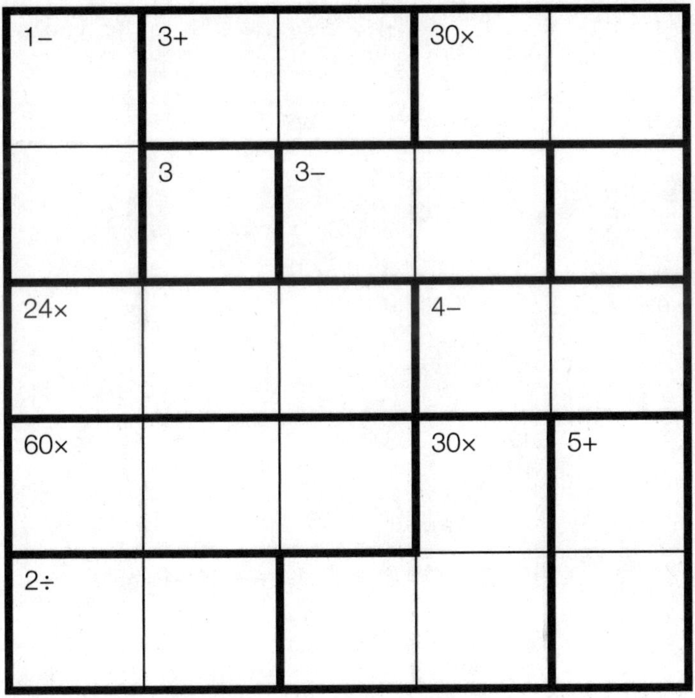

2

¡Otro reto *kenken*! ¡A ver si dominas los números como un verdadero matemático!

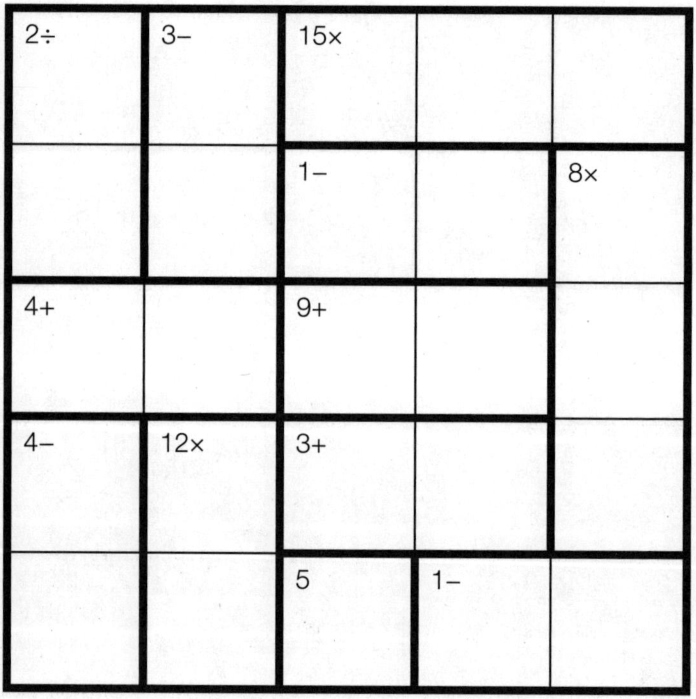

3

¡A ver si descifras este *kenken* antes de que mi cohete mental despegue hacia la solución!

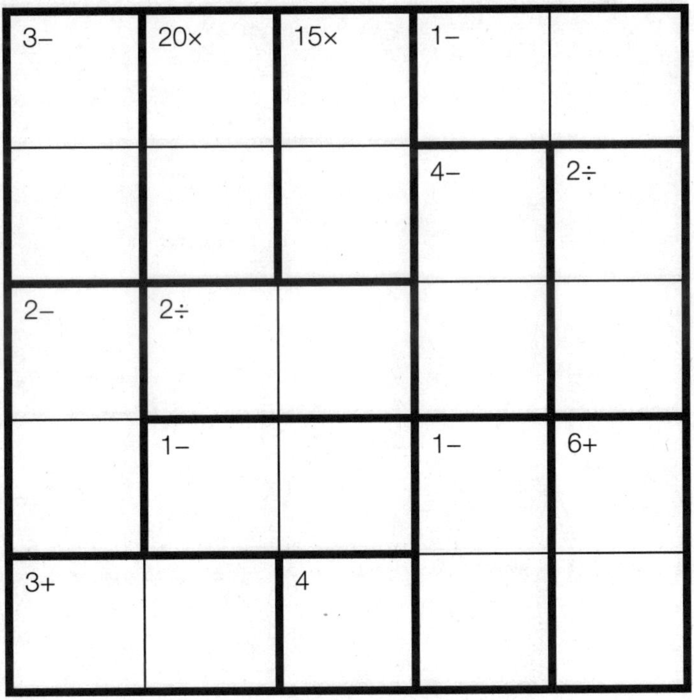

4

Te propongo el último kenken. Si has resuelto los otros, este último seguro que es pan comido.

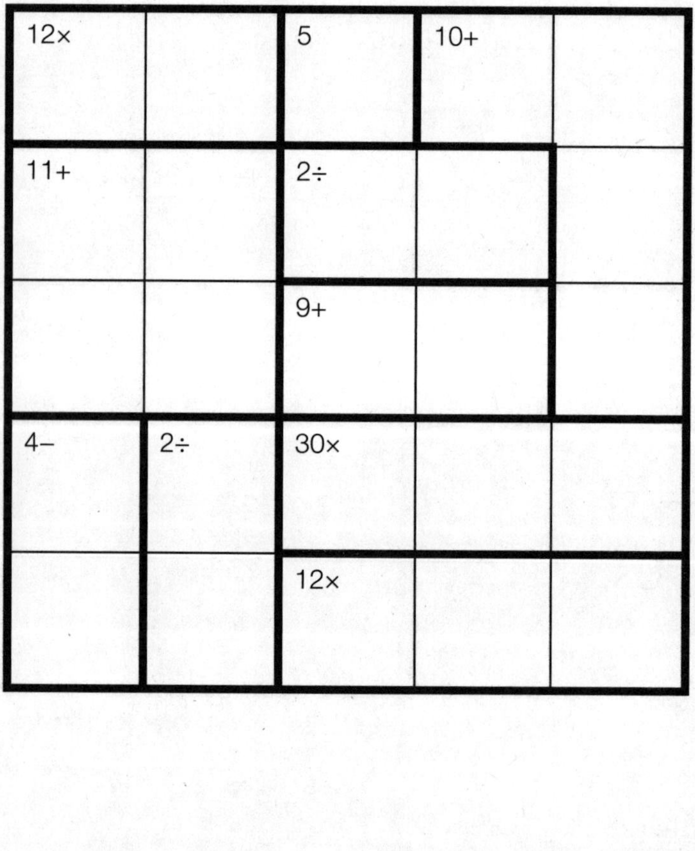

SOLUCIONES

1

1– 4	3+ 1	2	30× 5	3
5	3 3	3– 1	4	2
24× 2	4	3	4– 1	5
60× 3	5	4	30× 2	5+ 1
2÷ 1	2	5	3	4

2

2÷ 4	3– 2	15× 1	3	5
2	5	1– 3	4	8× 1
4+ 3	1	9+ 4	5	2
4– 5	12× 3	3+ 2	1	4
1	4	5 5	1– 2	3

3

3– 1	20× 4	15× 5	1– 2	3
4	5	3	4– 1	2÷ 2
2– 3	2÷ 2	1	5	4
5	1– 3	2	1– 4	6+ 1
3+ 2	1	4 4	3	5

4

12× 4	3	5 5	10+ 1	2
11+ 3	5	2÷ 1	2	4
2	1	9+ 4	5	3
4– 1	2÷ 4	30× 2	3	5
5	2	12× 3	4	1

SUMAS JAPONESAS

Vamos subiendo de nivel. No tanto en dificultad como en complejidad. Las sumas japonesas son rompecabezas numéricos que combinan elementos de los crucigramas y las sumas simples. Llegamos a un punto en el que ya tienes que empezar a practicar el *perfect*. Concéntrate en la cuadrícula, piensa y resuelve. ¡El resto saldrá solo!

Estas son las reglas básicas de la suma japonesa:

- Hay que completar la cuadrícula con números del 1 al 5 dejando algunas celdas en blanco. Para saber cómo colocar los números hay que observar los números-objetivo que hay en el exterior de cada fila y columna.
- Hay que colocar los números en las celdas de forma que sumados entre ellos puedan igualar el número-objetivo. No se pueden repetir números en la misma columna o fila. En el caso de que una fila o columna tenga más de un número-objetivo, habrá que rellenar las celdas para conseguir el primer objetivo, dejar una celda en blanco y colocar los números para conseguir el siguiente objetivo. Por ejemplo, si los números-objetivos son 8 y 7, en las seis celdas se tendrían que colocar primero los números 3, 1 y 4 (que sumados entre ellos darían como resultado 8), seguidamente se dejaría una celda en blanco y se colocarían en las dos restantes los

números 2 y 5 (la suma de los cuales daría como resultado 7). Esta distribución siempre tendría que concordar con las demás filas y columnas y evitar que se repitan números.

1

Vamos, relájate e intenta concentrarte, que empezamos.

	6 5	4 9	12	8 2 1	1 9 2	8 7
9						
10 2						
10 5						
4 8						
7 4						
9 6						

2

Complicamos un poco el ejercicio para seguir el calentamiento.

	7 8	11	1 5 3	15	6 1	5 10
2 1 9						
5 3						
4 3 1						
12 3						
8 2 4						
4 11						

3

Se va enredando la suma. Espero que, si hay alguien esperando fuera, no tenga prisa.

								5
			6	8	4	7	10	2
			6	3	7	3	5	7
2	4	6						
	9	5						
	1	9						
	7	4						
5	3	3						
	4	11						

4

Este nivel es el más complejo. Si aceptas el reto, que te pille ya con los pantalones bajados.

	11	15	3 6 5	6 4 3	5 2 5	3 3 4
15						
3 5 1						
8 2						
12 3						
7 4						
2 13						

SOLUCIONES

1

				8	1	
	6	4		2	9	8
	5	9	12	1	2	7
9				3	1	5
10 2		1	4	5		2
10 5	2	3	5		4	1
4 8	4		1	2	5	
7 4		5	2			4
9 6	5	4		1	2	3

2

			1			
	7		5		6	5
	8	11	3	15	1	10
2 1 9	2		1		4	5
5 3	5			1	2	
4 3 1		4		3		1
12 3	1	2	5	4		3
8 2 4	3	5		2		4
4 11	4		3	5	1	2

3

	6 6	8 3	4 7	7 3	10 5	5 2 7
2 4 6	2		4		1	5
9 5	4	5		3	2	
1 9		1		4	3	2
7 4		2	5		4	
5 3 3	5		2	1		3
4 11	1	3		2	5	4

4

	11	15	3 6 5	6 4 3	5 2 5	3 3 4
15		4	3	1	5	2
3 5 1		3		5		1
8 2	3	1	4		2	
12 3	1	5	2	4		3
7 4	5	2			4	
2 13	2		5	3	1	4

ENTRENA A TU CEREBRO POTENCIANDO LAS HABILIDADES LINGÜÍSTICAS

Tengo algún don, pero el de la palabra no es uno de ellos. Prefiero usar las letras para crear acertijos. Algunos de ellos los he incorporado en este estudio, porque creo que encajan en el formato y el objetivo. Fíjate bien en el papel. Sobre todo que no falte el papel higiénico.

HEXAGRAMAS DE LETRAS

La primera vez que me enamoré me declaré a un hexagrama. Nunca supe si no lo entendió o sencillamente pasó de mí. Con el tiempo, creo que fue la primera opción, ergo no era la *persona* para mí.

¿Tú sabes qué es un hexagrama? Son conjuntos de letras que esconden palabras. En cada uno os propondré un reto diferente. Estad atentos.

1

Forma con todas las letras de este hexagrama una palabra que uso muchísimo en mi léxico de investigador.

2

En este caso también tienes que formar una palabra con todas las letras, pero con una condición: la central tiene que ser la primera. También me gusta usarla.

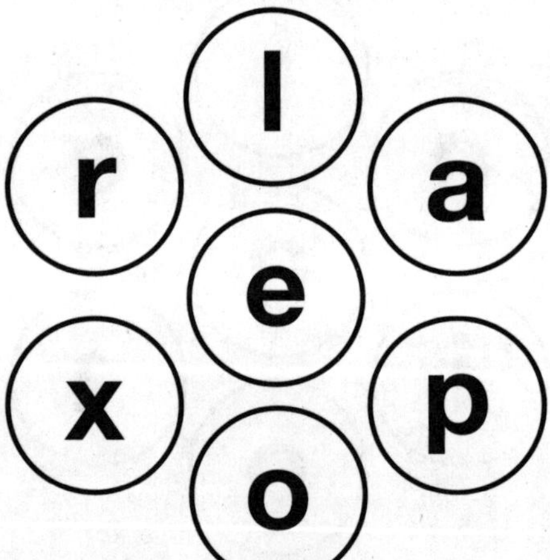

3

¿Sabes cuál es la partícula subatómica que he escondido en este hexagrama?

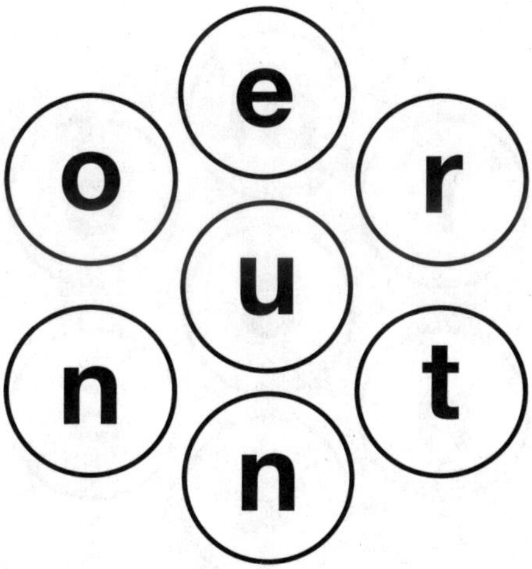

4

¿Y sabes cómo se llaman las moléculas orgánicas que actúan como catalizadores de reacciones químicas? Usa todas las letras.

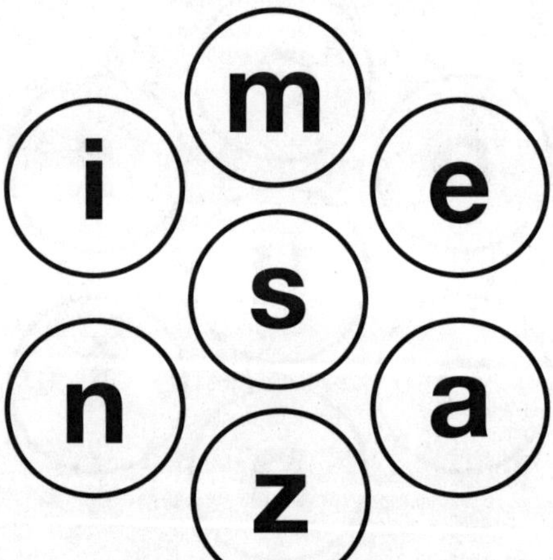

SOLUCIONES

1 Ingenio

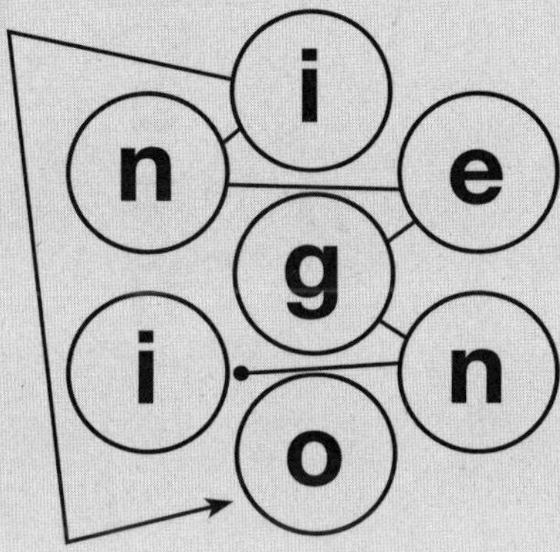

2 Explora

3 Neutrón

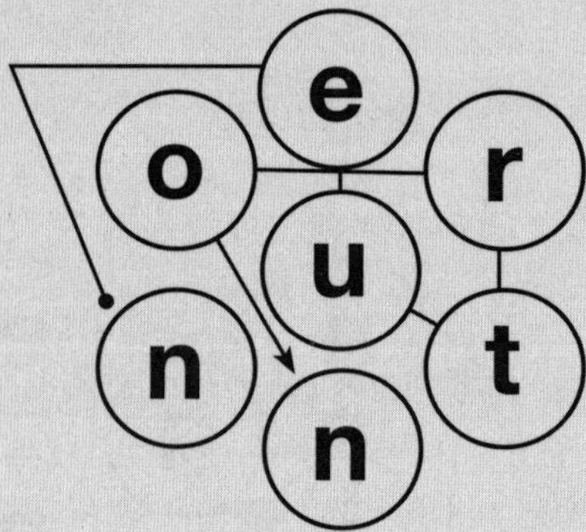

4 Enzimas

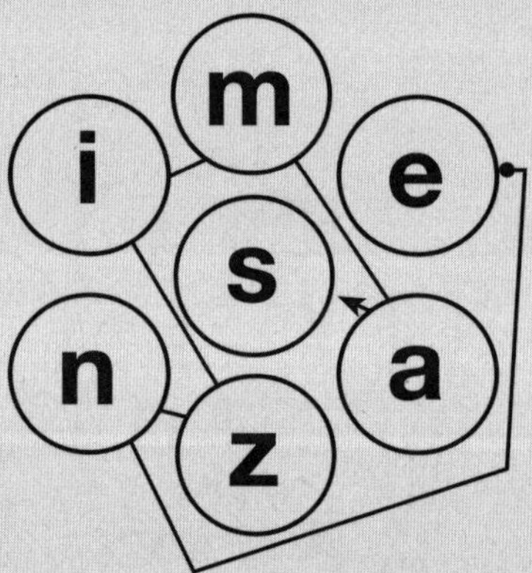

SOPAS DE LETRAS

De pequeño recuerdo que mi madre, cuando volvíamos del colegio, me hacía la merienda, me dejaba con los deberes y se encerraba en el lavabo. Allí, sentada en el retrete, resolvía sopas de letras hasta que algo o alguien la interrumpía. No podía dejar pasar esta sección y hacerle un homenaje.

Supongo que ya sabes cómo funcionan. Se trata de encontrar palabras. Están ocultas en horizontal, vertical o diagonal.

1

Descubre las diez palabras que he escondido en esta sopa de letras relacionadas con el juego.

I	R	O	L	O	I	O	E	V	C	M
E	T	A	B	L	E	R	O	I	O	U
A	A	R	C	A	D	E	J	D	M	L
V	P	U	Z	Z	L	E	T	E	P	T
E	C	O	N	S	O	L	A	O	E	I
N	C	O	Y	X	W	Q	O	J	T	J
T	J	B	L	R	V	L	R	U	I	U
U	R	X	F	M	G	T	N	E	T	G
R	O	K	N	X	Q	I	Z	G	I	A
A	Y	A	U	Z	T	V	V	O	V	D
C	A	R	T	A	S	F	S	S	O	O
E	L	S	M	I	Q	Q	W	K	L	R

2

En este caso las diez palabras están relacionadas con la ciencia en general. Para ayudar un poco te voy a dar las diez iniciales: E, L, H, I, D, I, T, G, Q y M.

F	D	P	M	I	C	R	O	S	C	O	P	I	O
I	I	W	I	X	F	A	D	I	A	F	H	I	N
D	E	S	C	U	B	R	I	M	I	E	N	T	O
H	I	N	N	O	V	A	C	I	Ó	N	D	D	R
I	W	L	N	Z	P	F	M	P	S	H	E	E	J
P	S	S	H	B	D	U	W	S	M	L	Z	D	P
Ó	L	V	E	X	P	E	R	I	M	E	N	T	O
T	V	N	Q	U	Í	M	I	C	A	Z	V	Z	J
E	L	A	B	O	R	A	T	O	R	I	O	S	V
S	Z	J	T	M	H	Y	Z	D	E	R	X	J	R
I	I	N	V	E	S	T	I	G	A	C	I	Ó	N
S	Z	M	I	G	C	L	T	E	O	R	Í	A	I
I	C	T	T	G	I	A	U	Q	V	C	N	P	X
B	L	S	O	Z	B	G	E	N	É	T	I	C	A

3

¡A explorar la sopa de letras en busca de diez palabras cósmicas!

Ñ	N	E	S	P	I	L	C	E	O	Á	F	Ú	J
A	E	Á	Ñ	E	S	Q	J	O	É	E	B	K	D
S	I	S	I	M	U	S	S	Z	F	G	F	T	C
O	Í	P	T	O	E	R	S	S	V	Á	Y	E	Y
L	K	A	J	R	E	Ü	U	T	A	D	J	L	J
U	B	Á	Í	V	E	P	Q	É	I	A	Ó	E	P
B	Y	Q	I	M	E	L	Ú	L	X	D	H	S	L
E	I	N	B	R	O	Á	L	B	A	E	T	C	A
N	U	R	N	Ó	J	N	Q	A	L	V	X	O	N
Í	H	O	A	Y	M	Á	O	B	A	A	É	P	E
H	V	D	T	D	Í	Ñ	B	R	G	R	O	I	T
A	S	L	W	K	R	B	O	R	T	G	U	O	A
Á	B	K	H	Ü	K	I	W	C	D	S	E	Á	C
Z	N	Ú	X	J	D	Í	F	T	L	Ñ	A	K	É

4

¡Atención! ¡Sumérgete en esta sopa de letras biológica y descubre los diez términos!

V	M	Ñ	N	F	F	Q	D	L	U	C	J	Q	E	J	E	E	V
U	G	E	N	O	M	A	C	N	É	C	Í	R	I	L	A	H	O
J	Ñ	C	Á	X	U	W	A	Ó	É	Á	M	R	M	A	U	Ú	F
B	I	M	B	L	M	N	Q	I	O	O	A	M	E	C	L	V	T
B	É	B	Z	Q	Í	X	L	C	V	É	S	C	M	L	C	H	J
N	D	A	V	E	M	F	T	A	J	Á	I	É	B	O	C	N	X
Q	Z	A	T	Á	J	B	P	T	U	L	S	L	Á	N	Á	F	Y
B	H	O	O	X	H	M	Ú	U	K	P	E	U	V	A	X	W	Ñ
U	R	X	W	O	Y	Y	Í	M	N	B	T	L	Y	C	T	H	Q
P	N	S	Á	É	C	M	K	I	H	V	N	A	N	I	O	Ñ	Ü
V	V	A	M	I	Z	N	E	S	Í	N	Í	N	R	Ó	I	K	S
K	D	S	Y	Í	D	R	Q	V	P	Z	S	S	I	N	Ü	Ú	U
Ú	A	M	E	T	S	I	S	O	C	E	O	P	X	V	Ó	X	Q
F	F	G	D	T	T	W	F	I	Ñ	R	T	P	T	Y	E	K	Ú
U	Á	R	Ó	M	Y	É	Ü	F	Í	C	O	S	I	Y	Ó	Ú	Q
Ú	D	A	C	E	Ó	H	Z	Í	É	Ñ	F	C	Y	C	O	Ñ	E
W	P	W	R	H	X	Ú	X	J	Ü	O	Á	X	C	Q	D	H	X
I	C	V	Z	Ü	D	A	D	I	S	R	E	V	I	D	O	I	B

5

¡Cerebro tecnológico en acción! Desafía tus habilidades encontrando palabras como *criptografía* en esta sopa de letras. ¡Que empiece la caza de los diez términos tecnológicos!

P	V	O	R	B	V	T	R	I	P	Í	D	Ó	M	A	I	Ñ	J	Í	Q
R	G	C	M	J	Í	H	J	N	X	O	V	N	Ú	D	Ú	Á	Ü	G	U
O	G	N	É	T	X	É	Ñ	Ó	Ü	T	É	N	C	X	U	Ó	N	S	Ü
G	P	D	Y	K	V	H	Ú	R	R	I	X	B	Ú	X	P	Ó	O	W	C
R	B	A	F	E	N	Ú	C	Z	E	U	Ü	Ó	Q	É	U	F	H	K	R
A	Ü	D	S	P	A	Ú	Ñ	Ú	A	C	U	Q	W	É	T	L	P	B	I
M	A	I	P	Z	W	U	D	V	Q	R	V	Í	Ñ	W	Ü	U	X	S	P
A	R	R	Á	Í	T	P	I	U	L	I	F	A	A	Á	F	P	Ñ	O	T
C	B	U	Ú	C	R	B	D	E	Z	C	I	R	U	S	P	Z	M	N	O
I	C	G	Ñ	B	Ú	O	A	Y	G	C	E	V	G	T	O	É	Ú	Í	G
Ó	Á	E	Q	O	Ü	X	T	S	N	O	M	T	I	R	O	G	L	A	R
N	Q	S	C	B	W	V	E	E	E	N	T	N	Í	I	Ó	G	H	F	A
M	Ó	R	R	Ó	Í	V	G	P	E	D	G	K	J	H	Q	N	V	Ñ	F
Ñ	L	E	Í	Z	S	I	Z	Y	F	R	E	Ñ	Ú	W	Ó	S	Q	W	Í
R	C	B	Z	J	L	X	D	O	T	G	A	D	M	N	L	R	M	N	A
Í	M	I	R	E	D	Ú	D	Z	D	P	U	W	A	C	P	A	A	N	Ó
É	H	C	T	Q	U	P	K	R	W	H	Y	I	D	T	G	T	W	B	Z
F	U	N	Á	T	Í	F	Ó	E	F	H	Ú	E	T	R	O	Z	H	A	L
V	I	Ñ	R	B	M	Z	Í	D	Ó	W	L	K	D	H	A	S	Á	Ó	G
M	J	E	E	L	T	L	Ú	D	J	K	Ñ	I	V	H	G	H	N	T	Z

6

¡Afinemos nuestras mentes, entusiastas de la música! Sumérgete en esta sopa de letras y descubre diez palabras relacionadas con la música. ¡Que empiece la sinfonía de la búsqueda!

L	N	Í	R	A	R	M	O	N	Í	A	Y	P	N	E	V	J	E	P	Á
A	L	Í	T	T	Ó	L	N	M	A	Z	O	Z	É	O	M	H	L	Ó	É
C	T	S	I	N	F	O	N	Í	A	D	F	Q	F	R	Í	R	I	J	E
Ú	Z	S	W	I	K	Y	B	Y	M	Q	Ó	Ó	D	E	I	O	N	B	G
J	É	Q	E	I	Á	T	U	F	P	S	U	A	T	T	D	T	Í	C	U
A	E	T	I	U	Ú	N	K	T	U	Ó	Z	X	M	W	G	R	L	O	R
O	Ú	E	J	B	Q	Ü	E	E	É	P	L	O	L	Ó	E	E	O	A	X
Í	X	Ü	Q	V	O	R	R	H	R	T	M	N	J	Ñ	D	I	V	C	É
Ü	M	Z	B	K	F	T	O	O	N	É	L	D	P	Q	M	C	R	Á	A
J	J	V	O	T	C	E	N	Í	T	Q	E	H	P	Q	G	N	C	Í	Ú
R	V	P	F	R	Ú	Á	Ó	E	Y	I	X	A	K	W	G	O	I	X	A
M	O	L	Ó	J	Y	M	P	E	M	N	S	P	U	Ú	U	C	P	M	T
Y	N	Ñ	T	Y	C	B	E	O	Á	U	Í	O	A	Ó	Q	B	Ú	T	C
U	L	D	I	T	P	F	Á	V	N	I	R	Í	P	Ú	R	D	I	M	L
Ó	V	M	Ü	H	N	F	É	V	Y	O	D	T	X	M	A	Ü	O	I	K
Í	Y	F	A	A	B	F	X	D	R	O	H	I	S	L	O	N	D	É	K
S	F	Z	B	E	O	E	I	F	L	C	Q	W	M	N	Ú	C	J	S	Ó
X	A	Ó	J	P	Q	C	A	E	F	Y	Ó	V	G	J	I	F	D	R	T
W	H	J	J	T	Ü	X	M	É	B	S	D	C	L	C	C	W	Á	K	Ü
Ú	Í	C	E	Ú	Ú	K	O	Q	P	A	R	T	I	T	U	R	A	É	C

SOLUCIONES

1

I	R	O	L	O	I	O	E	V	C	M
E	T	A	B	L	E	R	O	I	O	U
A	A	R	C	A	D	E	J	D	M	L
V	P	U	Z	Z	L	E	T	E	P	T
E	C	O	N	S	O	L	A	O	E	I
N	C	O	Y	X	W	Q	O	J	T	J
T	J	B	L	R	V	L	R	U	I	U
U	R	X	F	M	G	T	N	E	T	G
R	O	K	N	X	Q	I	Z	G	I	A
A	Y	A	U	Z	T	V	V	O	V	D
C	A	R	T	A	S	F	S	S	O	O
E	L	S	M	I	Q	Q	W	K	L	R

2

F	D	P	M	I	C	R	O	S	C	O	P	I	O
I	I	W	I	X	F	A	D	I	A	F	H	I	N
D	E	S	C	U	B	R	I	M	I	E	N	T	O
H	I	N	N	O	V	A	C	I	Ó	N	D	D	R
I	W	L	N	Z	P	F	M	P	S	H	E	E	J
P	S	S	H	B	D	U	W	S	M	L	Z	D	P
Ó	L	V	E	X	P	E	R	I	M	E	N	T	O
T	V	N	Q	U	Í	M	I	C	A	Z	V	Z	J
E	L	A	B	O	R	A	T	O	R	I	O	S	V
S	Z	J	T	M	H	Y	Z	D	E	R	X	J	R
I	I	N	V	E	S	T	I	G	A	C	I	Ó	N
S	Z	M	I	G	C	L	T	E	O	R	Í	A	I
I	C	T	T	G	I	A	U	Q	V	C	N	P	X
B	L	S	O	Z	B	G	E	N	É	T	I	C	A

3

Ñ	N	E	S	P	I	L	C	E	O	Á	F	Ú	J
A	E	Á	Ñ	E	S	Q	J	O	É	E	B	K	D
S	I	S	I	M	U	S	S	Z	F	G	F	T	C
O	Í	P	T	O	E	R	S	S	V	Á	Y	E	Y
L	K	A	J	R	E	Ü	U	T	A	D	J	L	J
U	B	Á	Í	V	E	P	Q	É	I	A	Ó	E	P
B	Y	Q	I	M	E	L	Ú	L	X	D	H	S	L
E	I	N	B	R	O	Á	L	B	A	E	T	C	A
N	U	R	N	Ó	J	N	Q	A	L	V	X	O	N
Í	H	O	A	Y	M	Á	O	B	A	A	É	P	E
H	V	D	T	D	Í	Ñ	B	R	G	R	O	I	T
A	S	L	W	K	R	B	O	R	T	G	U	O	A
Á	B	K	H	Ü	K	I	W	C	D	S	E	Á	C
Z	N	Ú	X	J	D	Í	F	T	L	Ñ	A	K	É

4

V	M	Ñ	N	F	F	Q	D	L	U	C	J	Q	E	J	E	E	V
U	G	E	N	O	M	A	C	N	É	C	Í	R	I	L	A	H	O
J	Ñ	C	Á	X	U	W	A	Ó	É	Á	M	R	M	A	U	Ú	F
B	I	M	B	L	M	N	Q	I	O	O	A	M	E	C	L	V	T
B	É	B	Z	Q	Í	X	L	C	V	É	S	C	M	L	C	H	J
N	D	A	V	E	M	F	T	A	J	Á	I	É	B	O	C	N	X
Q	Z	A	T	Á	J	B	P	T	U	L	S	L	Á	N	Á	F	Y
B	H	O	O	X	H	M	Ú	U	K	P	E	U	V	A	X	W	Ñ
U	R	X	W	O	Y	Y	Í	M	N	B	T	L	Y	C	T	H	Q
P	N	S	Á	É	C	M	K	I	H	V	N	A	N	I	O	Ñ	Ü
V	V	A	M	I	Z	N	E	S	Í	N	Í	N	R	Ó	I	K	S
K	D	S	Y	Í	D	R	Q	V	P	Z	S	S	I	N	Ü	Ú	U
Ú	A	M	E	T	S	I	S	O	C	E	O	P	X	V	Ó	X	Q
F	F	G	D	T	T	W	F	I	Ñ	R	T	P	T	Y	E	K	Ú
U	Á	R	Ó	M	Y	É	Ü	F	Í	C	O	S	I	Y	Ó	Ú	Q
Ú	D	A	C	E	Ó	H	Z	Í	É	Ñ	F	C	Y	C	O	Ñ	E
W	P	W	R	H	X	Ú	X	J	Ü	O	Á	X	C	Q	D	H	X
I	C	V	Z	Ü	D	A	D	I	S	R	E	V	I	D	O	I	B

5

P	V	O	R	B	V	T	R	I	P	Í	D	Ó	M	A	I	Ñ	J	Í	Q
R	G	C	M	J	Í	H	J	N	X	O	V	N	Ú	D	Ú	Á	Ü	G	U
O	G	N	É	T	X	É	Ñ	Ó	Ü	T	É	N	C	X	U	Ó	N	S	Ü
G	P	D	Y	K	V	H	Ú	R	R	I	X	B	Ú	X	P	Ó	O	W	C
R	B	A	F	E	N	Ú	C	Z	E	U	Ü	Ó	Q	É	U	F	H	K	R
A	Ü	D	S	P	A	Ú	Ñ	Ú	A	C	U	Q	W	É	T	L	P	B	I
M	A	I	P	Z	W	U	D	V	Q	R	V	Í	Ñ	W	Ü	U	X	S	P
A	R	R	Á	Í	T	P	I	U	L	I	F	A	A	Á	F	P	Ñ	O	T
C	B	U	Ú	C	R	B	D	E	Z	C	I	R	U	S	P	Z	M	N	O
I	C	G	Ñ	B	Ú	O	A	Y	G	C	E	V	G	T	O	É	Ú	Í	G
Ó	Á	E	Q	O	Ü	X	T	S	N	O	M	T	I	R	O	G	L	A	R
N	Q	S	C	B	W	V	E	E	E	N	T	N	Í	I	Ó	G	H	F	A
M	Ó	R	R	Ó	Í	V	G	P	E	D	G	K	J	H	Q	N	V	Ñ	F
Ñ	L	E	Í	Z	S	I	Z	Y	F	R	E	Ñ	Ú	W	Ó	S	Q	W	Í
R	C	B	Z	J	L	X	D	O	T	G	A	D	M	N	L	R	M	N	A
Í	M	I	R	E	D	Ú	D	Z	D	P	U	W	A	C	P	A	A	N	Ó
É	H	C	T	Q	U	P	K	R	W	H	Y	I	D	T	G	T	W	B	Z
F	U	N	Á	T	Í	F	Ó	E	F	H	Ú	E	T	R	O	Z	H	A	L
V	I	Ñ	R	B	M	Z	Í	D	Ó	W	L	K	D	H	A	S	Á	Ó	G
M	J	E	E	L	T	L	Ú	D	J	K	Ñ	I	V	H	G	H	N	T	Z

6

L	N	Í	R	A	R	M	O	N	Í	A	Y	P	N	E	V	J	E	P	Á
A	L	Í	T	T	Ó	L	N	M	A	Z	O	Z	É	O	M	H	L	Ó	É
C	T	S	I	N	F	O	N	Í	A	D	F	Q	F	R	Í	R	I	J	E
Ú	Z	S	W	I	K	Y	B	Y	M	Q	Ó	Ó	D	E	I	O	N	B	G
J	É	Q	E	I	Á	T	U	F	P	S	U	A	T	T	D	T	Í	C	U
A	E	T	I	U	Ú	N	K	T	U	Ó	Z	X	M	W	G	R	L	O	R
O	Ú	E	J	B	Q	Ü	E	E	É	P	L	O	L	Ó	E	E	O	A	X
Í	X	Ü	Q	V	O	R	R	H	R	T	M	N	J	Ñ	D	I	V	C	É
Ü	M	Z	B	K	F	T	O	O	N	É	L	D	P	Q	M	C	R	Á	A
J	J	V	O	T	C	E	N	Í	T	Q	E	H	P	Q	G	N	C	Í	Ú
R	V	P	F	R	Ú	Á	Ó	E	Y	I	X	A	K	W	G	O	I	X	A
M	O	L	Ó	J	Y	M	P	E	M	N	S	P	U	Ú	U	C	P	M	T
Y	N	Ñ	T	Y	C	B	E	O	Á	U	Í	O	A	Ó	Q	B	Ú	T	C
U	L	D	I	T	P	F	Á	V	N	I	R	Í	P	Ú	R	D	I	M	L
Ó	V	M	Ü	H	N	F	É	V	Y	O	D	T	X	M	A	Ü	O	I	K
Í	Y	F	A	A	B	F	X	D	R	O	H	I	S	L	O	N	D	É	K
S	F	Z	B	E	O	E	I	F	L	C	Q	W	M	N	Ú	C	J	S	Ó
X	A	Ó	J	P	Q	C	A	E	F	Y	Ó	V	G	J	I	F	D	R	T
W	H	J	J	T	Ü	X	M	É	B	S	D	C	L	C	C	W	Á	K	Ü
Ú	Í	C	E	Ú	Ú	K	O	Q	P	A	R	T	I	T	U	R	A	É	C

CRUCIGRAMAS

Algo que me encanta es escribir cartas a mis colegas en forma de crucigramas. En ellos les pongo palabras e incluso teorías que estoy investigando. Sé que ellos agradecen un poco de divertimento entre tanto estudio. No son pocos los que se llevan mis cartas al baño para entretenerse a la hora de excretar.

1

Empieza descubriendo mis conceptos preferidos sobre el espacio.

HORIZONTAL

3. Robot con apariencia humana.
6. Técnica de preservación a muy bajas temperaturas.
8. Sociedad ideal y perfecta.
11. Ser humano mejorado con componentes mecánicos.
12. Creación de una copia genéticamente idéntica de un organismo.
13. Representación ficticia de una sociedad futura de características negativas causantes de la alienación humana.
14. Ser vivo que ha sufrido una alteración genética.

VERTICAL

1. Imagen tridimensional creada con luz láser.
2. Proceso de transformar un planeta para hacerlo habitable.
4. Ciencia y tecnología de manipular materiales a escala nanométrica.
5. Velocidad extremadamente alta, superando la de la luz.
7. Conjunto de universos posibles.
9. Movimiento instantáneo de un objeto o persona de un lugar a otro.
10. Planeta que orbita una estrella fuera del sistema solar.

2

Sé que de momento la ciencia no permite crear superhéroes. Pero todo se andará. De momento vas adivinando mis superhéroes preferidos.

HORIZONTAL

6. Espía y agente especial con habilidades de combate excepcionales y una historia complicada.
7. Dios del Trueno y príncipe de Asgard, que maneja un martillo mágico llamado Mjolnir.
8. Científico que se transforma en un monstruo verde y gigante con fuerza sobrehumana cuando se enfurece.
9. Multimillonario industrial que construye un traje blindado de alta tecnología para combatir el mal.
11. Superhéroe con habilidades sobrehumanas que lucha por la verdad, la justicia y el estilo de vida estadounidense.

VERTICAL

1. Capitán de la Segunda Guerra Mundial que representa los ideales estadounidenses de libertad y justicia.
2. Mercenario con un sentido del humor peculiar, habilidades de curación acelerada y habilidades marciales expertas.
3. Mutante con garras retráctiles de *adamantium* y habilidades regenerativas.
4. Guerrera amazona con poderes divinos que lucha por la paz y la justicia.
5. Millonario y filántropo de Ciudad Gótica, que lucha contra el crimen como vigilante enmascarado.
10. Un joven que adquiere habilidades arácnidas después de ser mordido por una araña radiactiva.

3

Dentro de la animación infantil a veces hay pura filosofía. Descubre los nombres de personajes de dibujos animados que me han marcado.

HORIZONTAL

3. El travieso hijo de la familia de Springfield.
5. Un conejo ingenioso y astuto que se enfrenta a enemigos.
6. Un poderoso guerrero Saiyan.
8. Un gran danés parlante.
9. Un robot sarcástico y alcohólico.

VERTICAL

1. El icónico pokémon.
2. El famoso ratón conocido por su personalidad amigable.
4. El líder heroico de los Autobots.
7. Vive en una piña bajo el mar.
10. Niña exploradora que resuelve problemas con la ayuda de su mochila.

4

Mi mente ha creado atracciones que han divertido a millones de personas. Descubre las ciudades donde hay algunos de los parques de atracciones que más me gustan.

HORIZONTAL

2. Ciudad donde se encuentra el Disneyland europeo.
3. Ciudad de China adonde tienes que ir para visitar algunos de los mejores parques de atracciones.
4. Cerca de esta ciudad se encuentra Legoland Windsor Resort.
7. Ciudad australiana donde se encuentra un parque de atracciones histórico conocido por su icónica entrada en forma de cara sonriente.
8. Cerca de esta importante ciudad española se encuentra un parque de atracciones en el que hay una parte dedicada a Ferrari.
10. En Florida, el destino más popular del mundo para visitar parques de atracciones.

VERTICAL

1. Ciudad donde se encuentra el parque de atracciones que incluye el Studio Tour con atracciones dedicadas a Harry Potter y Jurassic World.
5. Ciudad del sudeste asiático donde se encuentra el primer parque temático de Universal Studios.
6. Ciudad donde se encuentra el parque de atracciones Sanrio Puroland.
9. En California, destino donde se encuentra Disneyland Resort.

5

La ciencia ha permitido crear mundos realmente fantásticos. Encuentra aquí los juegos de consola más clásicos de la historia.

HORIZONTAL

1. Personajes que luchan entre sí, cada uno con su propio estilo de lucha y movimientos especiales únicos.
3. Mario (conocido entonces como Jumpman) debe rescatar a su novia, Pauline, de un gorila.
5. Los jugadores controlan una nave espacial en un campo de asteroides y deben destruirlos mientras evitan colisiones y ataques de naves enemigas.
7. Los jugadores controlan una pequeña nave espacial que se mueve de lado a lado en la parte inferior de la pantalla. El objetivo es disparar y destruir un ciempiés que desciende lentamente desde la parte superior de la pantalla.
9. Personaje redondo y amarillo que debe moverse a través de un laberinto lleno de puntos y frutas mientras evita ser atrapado por cuatro fantasmas.

VERTICAL

2. Los jugadores controlan a una rana que debe cruzar una carretera llena de tráfico y un río lleno de peligros para llegar a su hogar al otro lado de la pantalla.
4. Los jugadores asumen el papel de comandante de defensa de seis ciudades ficticias. El objetivo del juego es proteger estas ciudades de los misiles nucleares enemigos.
6. Los jugadores deben manipular piezas *tetrimino* que caen desde la parte superior de la pantalla.
8. Nave espacial que se desplaza horizontalmente en la parte inferior de la pantalla. El objetivo es destruir hileras de alienígenas que se mueven de lado a lado.

6

Reír oxigena el cerebro. Una buena serie me ha salvado la vida. Completa este crucigrama con las *sitcoms* clásicas y populares que más me gustan.

HORIZONTAL

5. Ambientada en el ficticio Hospital Sacred Heart.
7. Serie sobre un grupo de amigos científicos y sus interacciones sociales.
9. Serie con estilo de falso documental, que presenta a los empleados de Dunder Mifflin, una empresa de papel ficticia ubicada en Scranton.
10. El bar donde se reúnen los seis protagonistas se llama Central Perk.

VERTICAL

1. Ambientada en la ciudad ficticia de Pawnee, Indiana, la serie sigue a los empleados del Departamento de Parques y Recreación de la ciudad.
2. Ambientada en un bar ficticio en Boston donde «todo el mundo conoce tu nombre».
3. Sigue las vidas de tres familias interconectadas que ofrecen una visión hilarante y honesta de la vida familiar moderna.
4. Cómo conocí a vuestra…
6. Serie sobre la vida de un comediante de *stand-up* que vive en la ciudad de Nueva York junto a sus tres amigos.
8. Viven en la ciudad ficticia de Springfield.

SOLUCIONES

1

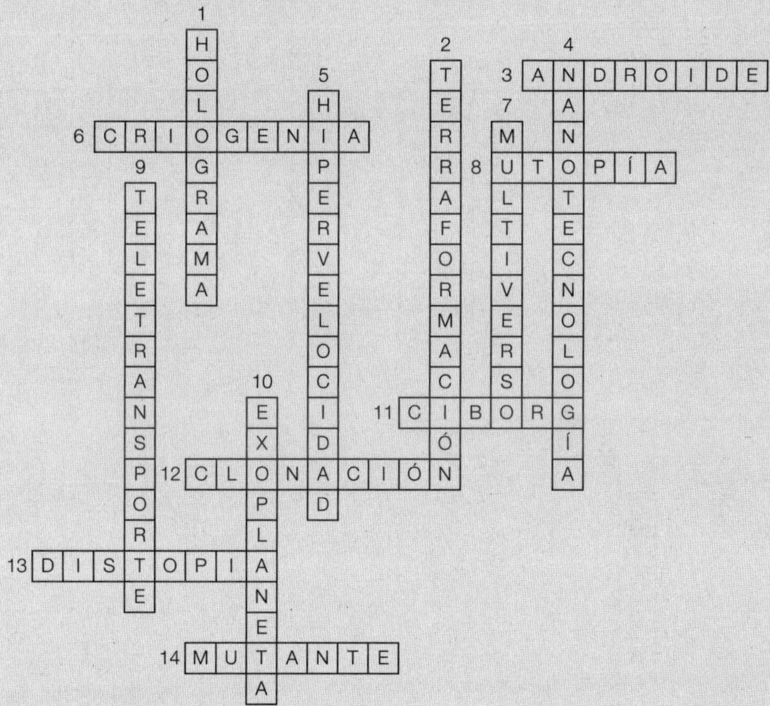

2

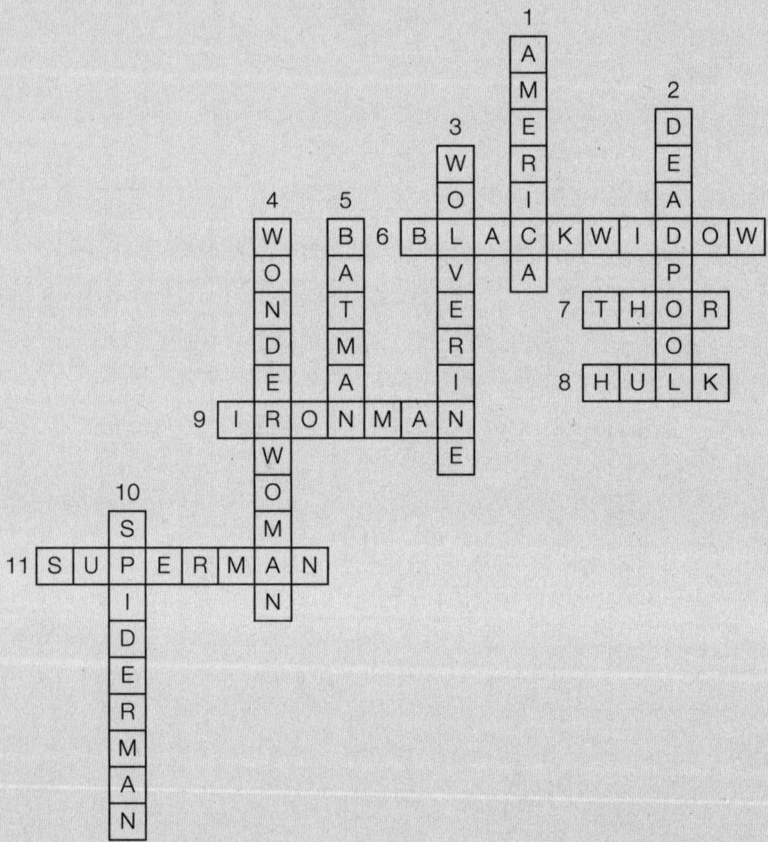
1 AMERICA
2 DEADPOOL
3 WOLVERINE
4 WONDERWOMAN
5 BATMAN
6 BLACKWIDOW
7 THOR
8 HULK
9 IRONMAN
10 SPIDERMAN
11 SUPERMAN

3

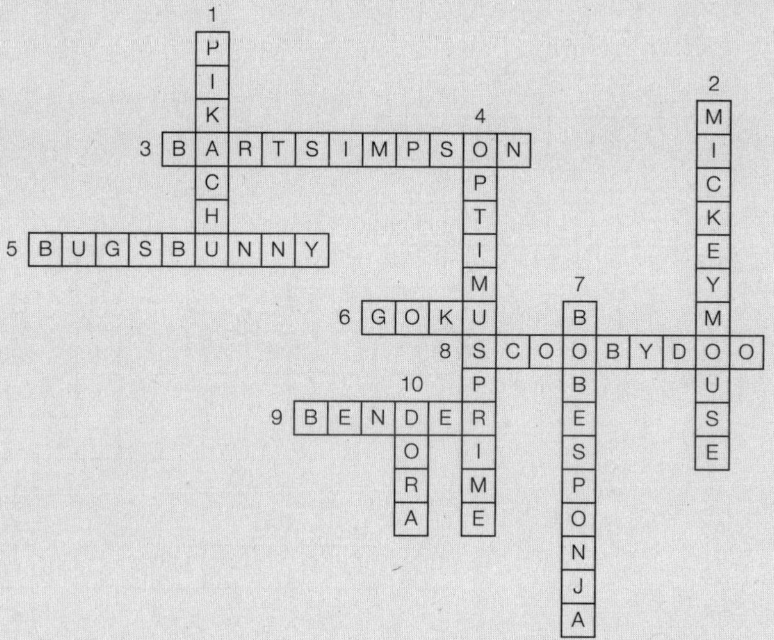
1 PIKACHU
2 MICKEYMOUSE
3 BARTSIMPSON
4 OPTIMUSPRIME
5 BUGSBUNNY
6 GOKU
7 BOBESPONJA
8 SCOOBYDOO
9 BENDER
10 DORA

4

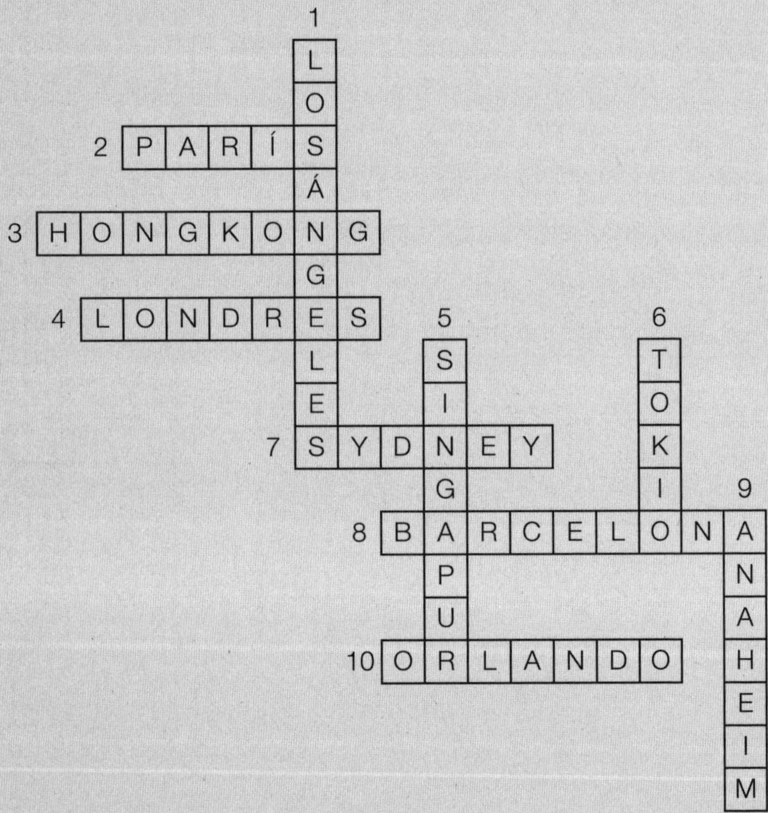
1 LOS ÁNGELES
2 PARÍS
3 HONGKONG
4 LONDRES
5 SINGAPUR
6 TOKIO
7 SYDNEY
8 BARCELONA
9 ANAHEIM
10 ORLANDO

5

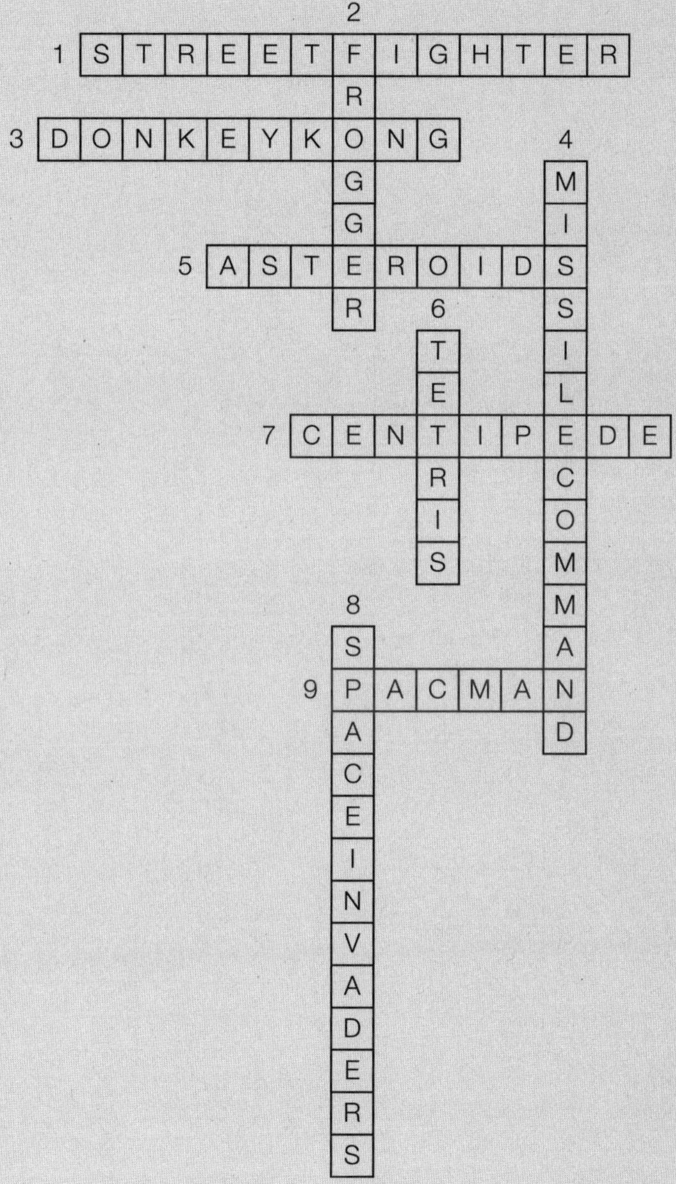
2
1 STREETFIGHTER
FROGGER
3 DONKEYKONG
4
MISSILECOMMAND
5 ASTEROIDS
6
TETRIS
7 CENTIPEDE
8
SPACEINVADERS
9 PACMAN

6

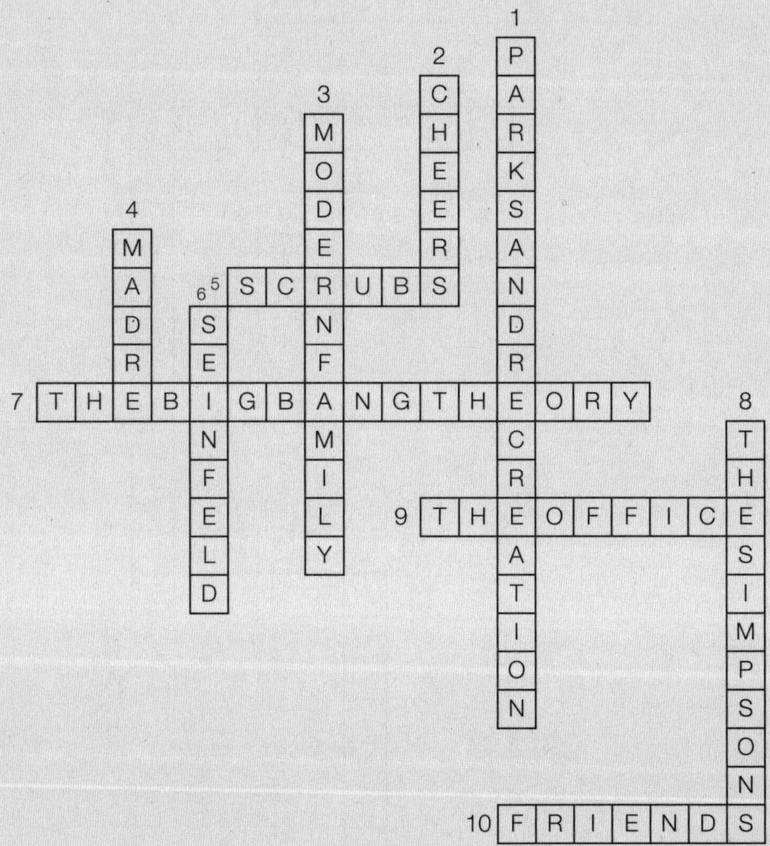
1 PARKSANDRECREATION
2 CHEERS
3 MODERNFAMILY
4 MADR
5 SCRUBS
6 SEINFELD
7 THEBIGBANGTHEORY
8 THESIMPSONS
9 THEOFFICE
10 FRIENDS

JUEGOS DE PALABRAS LÓGICAS

La clave para entrenar la mente es pasárselo bien. «Científico loco», me llaman. ¡Yo lo que soy es un niño! Continúo disfrutando de lo que hago cada día. Como, por ejemplo, jugando con letras, formando palabras que siguen una lógica. ¿Quieres jugar conmigo?

1

Para completar las palabras solo puedes cambiar una letra, pero no puedes cambiar su posición.

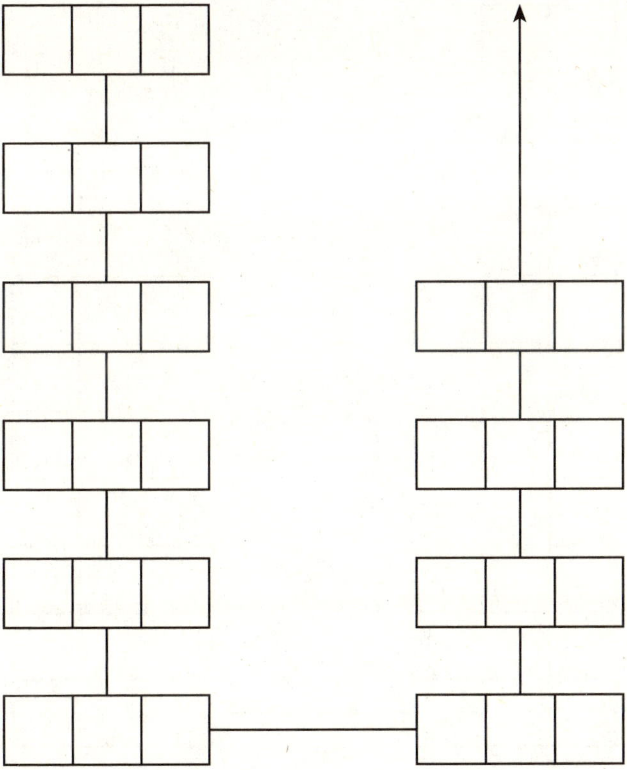

2

En este caso también puedes cambiar una sola letra, pero te las dejo mover de posición.

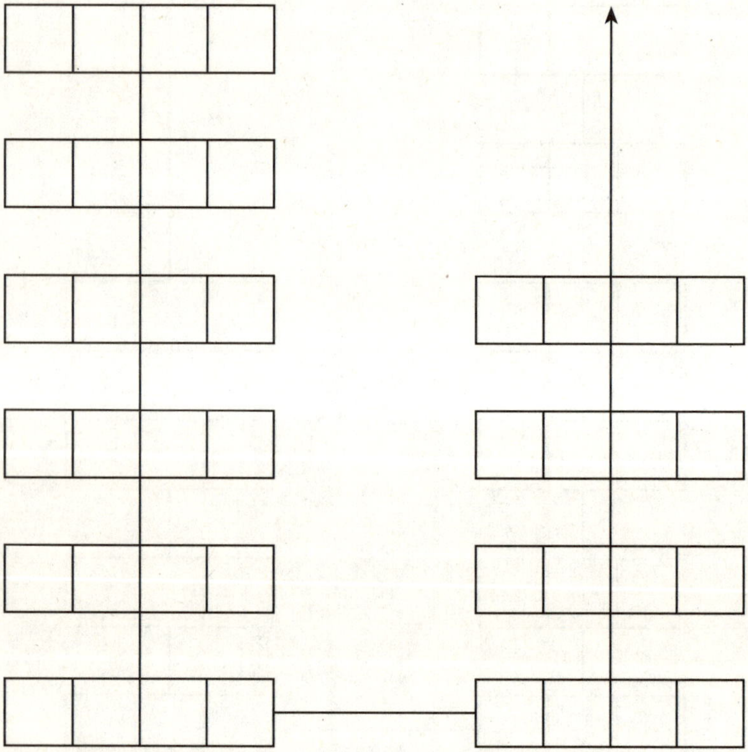

3

Aquí, igual que en el juego anterior. Solo puedes cambiar una sola letra, pero puedes moverlas de posición.

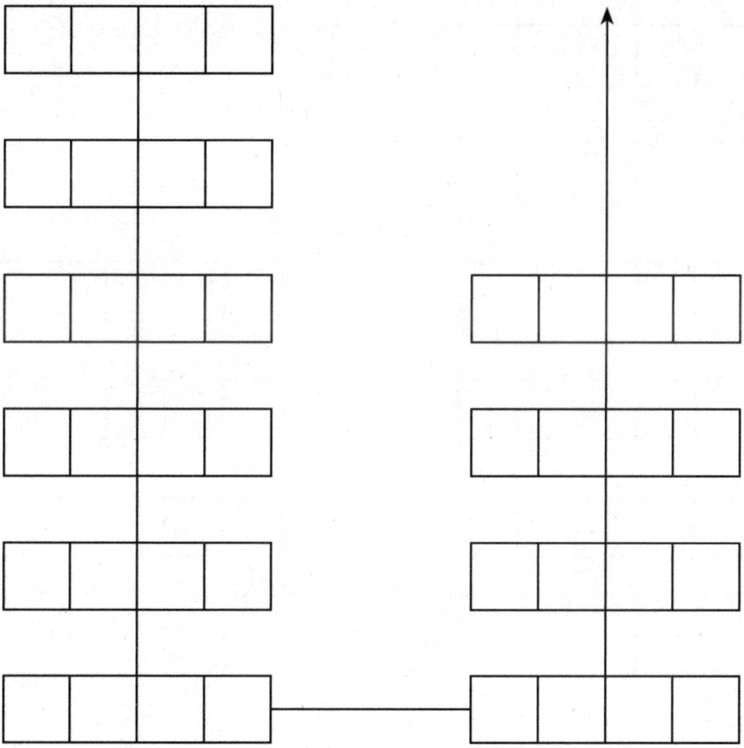

4

Este caso es lo mismo, solo puedes cambiar una sola letra, pero te dejo moverlas de posición.

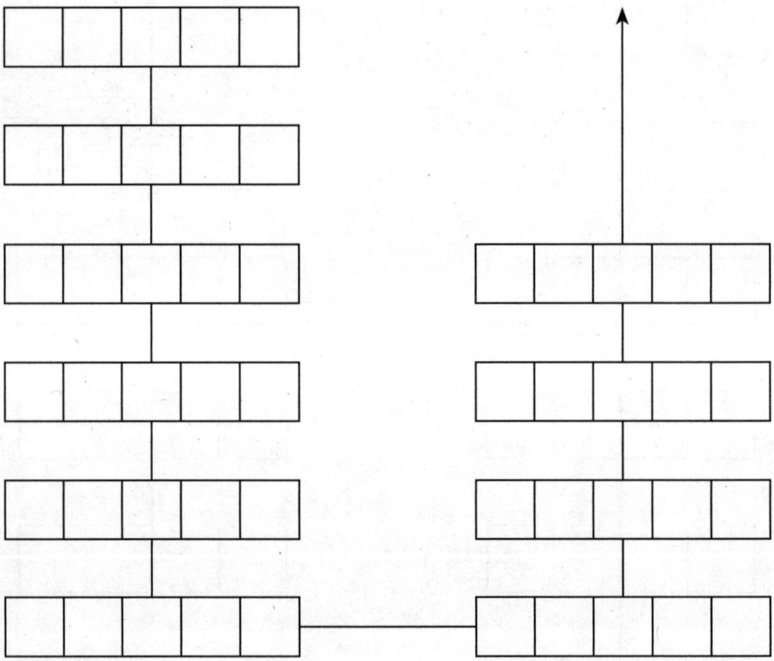

SOLUCIONES

1 Esta es una opción de resolución, aunque hay otras posibilidades.

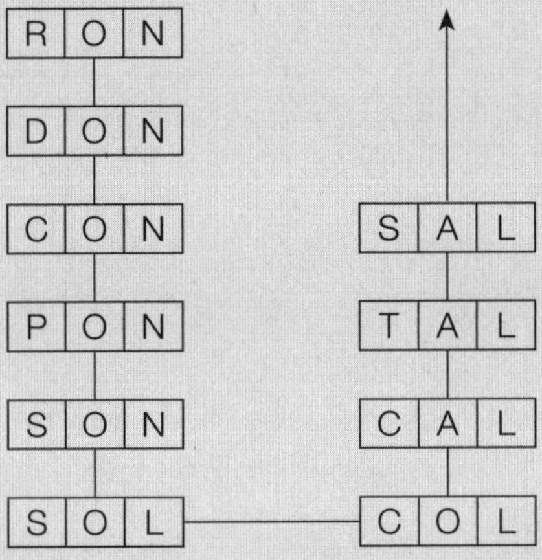

2 Esta es una opción de resolución, aunque puedes haber pensado en otras posibilidades.

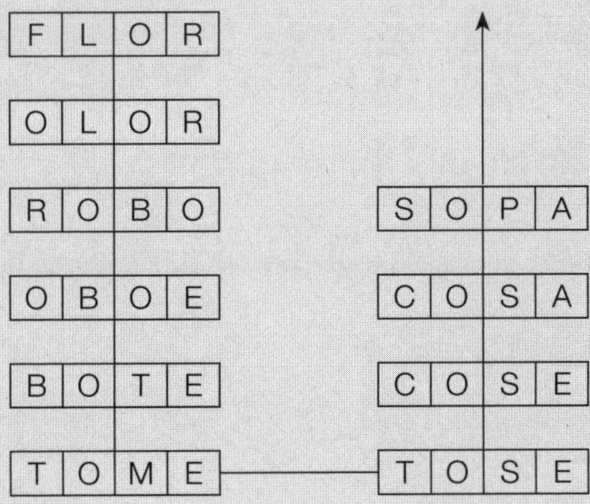

3 Aquí tienes una opción de resolución, pero hay otras.

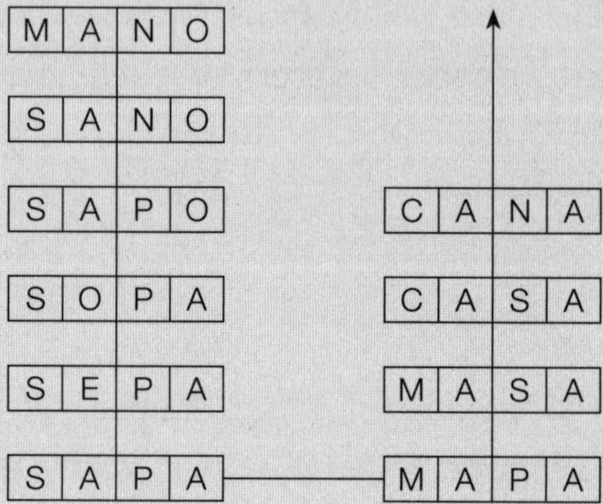

4 Como en los casos anteriores, aquí te propongo una opción de resolución, pero por suerte hay muchas posibilidades.

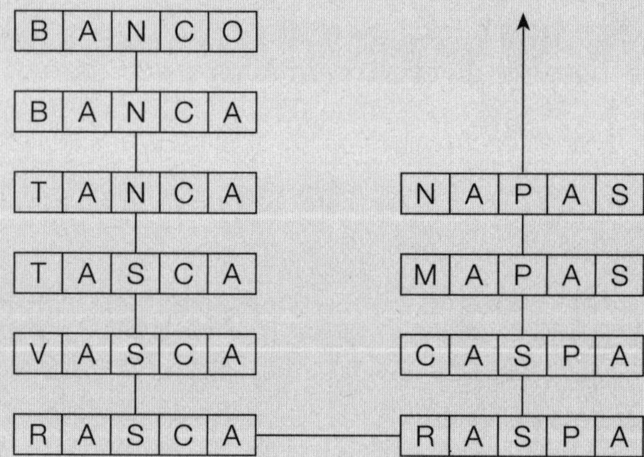

ENTRENA A TU CEREBRO POTENCIANDO TU INTELIGENCIA LÓGICA

La lógica es una rama de la filosofía que estudia la demostración y las conclusiones válidas, las falacias, las paradojas y la noción de verdad. Es complicado de explicar y fácil de entender si lo piensas un poco. Al final, todo tiene su lógica. Usa la tuya para resolver estos acertijos.

ACERTIJOS DE TABLAS

La mejor manera de entender y resolver un ejercicio es con lápiz y papel. No busques nada en Internet. Lee atentamente y apunta tus conclusiones en la tabla. En un momento la habrás completado. Yo lo hago todo mentalmente, claro. Pero necesito apuntar ciertas cosas porque mi cabeza va tan rápido que no puedo retenerlas todas. ¡Qué duro es ser un sabio desmemoriado!

1

Newton, Galileo y Darwin son campeones del mundo de juegos de mesa. Uno es campeón de ajedrez, otro de las damas y el otro del parchís. Si Leo y el campeón de ajedrez estuvieran en la fiesta de Piscis, y Leo no es campeón de las damas, ¿qué título de campeón tendría cada uno?

	NEWTON	GALILEO	DARWIN
AJEDREZ			
DAMAS			
PARCHÍS			

2

Rosalind, Marie, Hypatia y Ada trabajan de bailarina, peluquera, cantante y actriz.

- Rosalind e Hypatia estaban entre el público mientras la cantante hacía su presentación.
- De la mujer que trabaja en la peluquería se sabe que cortó el pelo a Marie y a la actriz.
- La actriz tuvo un rotundo éxito en un monólogo de la vida de Ada y está preparando uno semejante relacionado con la vida de Rosalind.
- Rosalind no ha oído hablar de Hypatia, ni se han visto.

El reto que tienes será descubrir a qué se dedica cada una de estas mujeres.

	ROSALIND	MARIE	HYPATIA	ADA
BAILARINA				
PELUQUERA				
CANTANTE				
ACTRIZ				

3

Hay cuatro animales: un canario, un loro, un perro y un gato.

Sus nombres, Quark, Atom, Plasma y Gravity, no necesariamente en este orden. Se sabe que:

- Gravity es más pequeño que el loro y que Plasma.
- El perro es más joven que Atom.
- Quark es el más viejo y no se lleva bien con el loro.

Tienes que descubrir cuál es el nombre correcto de cada animal.

	QUARK	ATOM	PLASMA	GRAVITY
CANARIO				
LORO				
PERRO				
GATO				

4

Celeste, Nova, Cosmos y Quantum trabajan en un colegio, una tienda, un banco y una droguería, no necesariamente en este orden. Sabemos que:

- Cosmos es el hijo de la persona que trabaja en la tienda.
- Celeste y la persona que trabaja en la droguería son hermana y hermano.
- El hijo de la persona que trabaja en el banco trabaja en la tienda.
- Nova no trabaja en el colegio.

A partir de esta información tienes que descubrir dónde trabaja cada uno.

	CELESTE	NOVA	COSMOS	QUANTUM
COLEGIO				
TIENDA				
BANCO				
DROGUERÍA				

5

Tres científicas visten con batas de distintos colores. Una con bata blanca, otra con una rosa y la otra con una violeta.

La científica con la bata violeta le dice a su jefa: «Nos llamamos, Blanca, Rosa y Violeta».

A continuación, otra de las científicas le dice: «Yo me llamo Blanca y, como puede ver, nuestros nombres coinciden con los colores de las batas, pero ninguna usa la bata del mismo color de nuestro nombre».

La jefa sonríe y les dice: «Ya sé cómo os llamáis».

¿De qué color es la bata de cada una de las científicas?

	BLANCA	ROSA	VIOLETA
BATA BLANCA			
BATA ROSA			
BATA VIOLETA			

6

Las señoras Flor, Merluza y Esmeralda trabajan en la tienda de flores, en una pescadería y en una joyería. Ninguna de ellas trabaja en lo que alude su nombre. Cada una ha contratado a uno de los hijos de la otra y ninguno de ellos trabaja en el oficio de sus madres.

Si la señora Merluza no trabaja en la joyería, ¿en qué trabaja su hijo?

	FLOR	MERLUZA	ESMERALDA
FLORISTERÍA			
PESCADERÍA			
JOYERÍA			

SOLUCIONES

1

	NEWTON	GALILEO	DARWIN
AJEDREZ	NO	SÍ	NO
DAMAS	NO	NO	SÍ
PARCHÍS	SÍ	NO	NO

2

	ROSALIND	MARIE	HYPATIA	ADA
BAILARINA	SÍ	NO	NO	NO
PELUQUERA	NO	NO	NO	SÍ
CANTANTE	NO	SÍ	NO	NO
ACTRIZ	NO	NO	SÍ	NO

3

	QUARK	ATOM	PLASMA	GRAVITY
CANARIO	NO	NO	NO	SÍ
LORO	NO	SÍ	NO	NO
PERRO	NO	NO	SÍ	NO
GATO	SÍ	NO	NO	NO

4

	CELESTE	NOVA	COSMOS	QUANTUM
COLEGIO	SÍ (hermana de Cosmos)	NO	NO	NO
TIENDA	NO	NO	NO	SÍ (hijo de Nova y padre de Cosmos)
BANCO	NO	SÍ (madre de Quantum)	NO	NO
DROGUERÍA	NO	NO	SÍ (hijo de Quantum y hermano de Celeste)	NO

5

	BLANCA	ROSA	VIOLETA
BATA BLANCA	NO	NO	SÍ
BATA ROSA	SÍ	NO	NO
BATA VIOLETA	NO	SÍ	NO

6

	FLOR	MERLUZA	ESMERALDA
FLORISTERÍA	NO	SÍ	NO (aquí trabaja su hijo)
PESCADERÍA	NO (aquí trabaja su hijo)	NO	SÍ
JOYERÍA	SÍ	NO (aquí trabaja su hijo)	NO

ACERTIJOS CON PREMISAS

Las premisas son cada una de las proposiciones que nos llevan a la conclusión. Analizarlas y entenderlas bien te va a llevar a resolver el acertijo. Todas tienen la misma importancia, aunque no parezcan relevantes. A ver si me demuestras que tienes una mentalidad científica y eres capaz de sacar la conclusión adecuada de estos acertijos con premisas.

1 Hay cuatro reos en una prisión, tres situados en una escalera y uno al otro lado de un muro. Todos llevan un sombrero, pero no es siempre del mismo color. El carcelero que les está vigilando les dice:
—Cada uno de vosotros lleva puesto un sombrero en la cabeza. De los cuatro sombreros, dos son blancos, y dos, negros. Tenéis diez minutos para que uno de vosotros me diga de qué color es su sombrero. Si acierta quedaréis todos libres, si no, moriréis fusilados.
En realidad, cada uno lleva el sombrero de un color distinto, de forma alternativa, pero ellos no lo saben. Solo uno es capaz de decir de qué color es el sombrero que lleva en la cabeza. ¿Cómo?

2 Un encuestador realiza un estudio demográfico y llama a la puerta de casa de una mujer y le pregunta cuántos hijos tiene.
La mujer tiene tres hijos. La suma de sus edades es 36. La suma de sus edades es igual al número del portal donde vive. El mayor de sus hijos juega al fútbol.
¿Cómo es posible que el encuestador extraiga información de la edad de los hijos gracias a saber que uno juega al fútbol?

3 Este acertijo fue creado por Shakespeare para su personaje de *El Mercader de Venecia.*

El padre de Portia crea un rompecabezas para asegurarse de que su hija, rica heredera, case con un hombre digno, sabio y de altura. Hace elegir a los pretendientes entre tres cofres, uno de oro, uno de plata y el tercero de plomo. Solo uno de ellos tiene una imagen de Portia dentro y, quien lo elija, podrá casarse con ella.

El mercader deja tres pistas, porque no es una elección que deba quedar al azar:

- En el cofre de oro: «Quien me elija, ganará lo que muchos hombres desean».
- En el cofre de plata: «Quien me elija, obtendrá tanto como se merece».
- En el cofre de plomo: «Quien me elija debe dar y arriesgar todo lo que tiene».

¿Cuál tiene que elegir el hombre que quiera casarse con Portia?

4 En una orden monástica estricta, todos los monjes guardan silencio y no se comunican entre sí de ninguna manera (ni siquiera de forma gestual o escrita). Pero un día surge una grave enfermedad entre ellos y comienzan a morir algunos monjes. Para salvar a la comunidad, el abad rompe el silencio por una vez.

Dice:

—Dos de nuestros hermanos están enfermos. Yo no soy uno de ellos. Se puede reconocer a los hermanos enfermos por un punto negro en sus frentes. Quiero que cada uno de los hermanos enfermos, el día que se den cuenta de que están enfermos, se tiren desde la torre para salvar así a los demás de la infección. No tenemos espejos, ni los compraré.

Pongamos que tú eres uno de esos monjes, ¿qué harías?

5 En una amplia y luminosa habitación, cinco hermanas pasan el tiempo cada una ocupada en una actividad diferente.

Sandra, la mayor, está sentada junto a la ventana, absorta en la lectura de una novela fascinante. Alicia, la más competitiva de todas, se encuentra en una esquina, concentrada en una intensa partida de ajedrez, desafiando su propio ingenio. Marta, siempre organizada, está doblando cuidadosamente la ropa limpia, formando pilas ordenadas sobre la cama. En la cocina adyacente, Luisa está preparando una deliciosa cena, esparciendo en el aire el aroma tentador de sus habilidades culinarias.

Pero, ¿qué está haciendo la quinta hermana?

6 Una mujer alquila una furgoneta para mudarse de casa, pero cuando la quiere devolver, no puede.

La furgoneta está aparcada en el garaje de su casa. La dejó allí cuando llegó para poder descargar. Esta mañana la furgoneta no pasa por la puerta del garaje, es demasiado alta.

¿Cómo entró la camioneta en el garaje? ¿Qué tiene que hacer la mujer para poder volver a salir?

SOLUCIONES

1 El único que puede saber la respuesta correcta es el número 2. Lo sabe porque si el prisionero 1, que está justo por detrás de él, no ha dicho nada es porque los sombreros del prisionero 2 y 3 no son del mismo color. Por eso, el prisionero 2 sabe que si el color del sombrero de quien tiene enfrente es negro, el suyo tiene que ser blanco.

2 El encuestador pregunta las edades y al obtener como respuesta que el producto de estas es 36, y su suma el número de la casa, mira el número de esta, que nosotros no conocemos.
El encuestador descompone el 36 en sus factoriales y realiza las siguientes combinaciones de edades (todas las posibles):
1-1-36 / 1-2-18 / 1-3-12 / 1-4-9 / 1-6-6 / 2-2-9 / 2-3-6 / 3-3-4.
Solo queda saber cuál de estas combinaciones de edades suman el número de la casa. El encuestador se da cuenta de que le falta algún dato, solo puede producirse porque hay dos combinaciones que suman igual:
1+6+6=13 / 2+2+9=13.
Al regresar y saber que el mayor juega al fútbol, deduce que solo hay una mayor, no dos, por lo que las edades serán 2, 2 y 9 años.

3 Estaba en el cofre de plomo, ¿por qué?
El primer pretendiente abrió el cofre de oro, pero solo halló una calavera con una nota: «no todo lo que reluce

es oro», en definitiva, elegir las cosas por su valor es un error. El segundo pretendiente abrió el cofre plateado y encontró la imagen de un tonto, en definitiva, hay que ser un tonto para pensar que merecía la mano de Portia.

4 Si ves un punto en algún otro hermano, sabrías que debe haber otro con un punto ya que el abad dijo «dos hermanos» y, por lo tanto, el otro serías tú. Así que esperarás hasta el día siguiente y te tirarás con el otro monje porque está llegando a las mismas conclusiones que tú.

5 Evidentemente, jugando al ajedrez con Alicia, ya que se necesitan dos para jugar.

6 Como la furgoneta estaba cargada, bajó de altura y entró sin problemas en el garaje. Al descargarla, la altura de la furgoneta aumentó y esto hace que no la pueda sacar.

ACERTIJOS DE LÓGICA

Ahora que ya has entrenado la lógica, vamos a centrarnos en los últimos acertijos: problemas de lógica. Son planteamientos que para mí son evidentísimos, pero sé que las mentes como la tuya tienen que pensarlo dos veces. No te enfades, la mente que sale de la normalidad es la mía, no la tuya. A veces os envidio porque os duran más los acertijos. Es como si el caramelo que está saboreando tu compañero durara diez veces más que el tuyo.

1 Caminas hacia una montaña que tiene dos caminos. Uno lleva al otro lado de la montaña, y el otro te hará perderte para siempre en ella. Dos gemelos conocen el camino que lleva al otro lado. Puedes hacerles solo una pregunta. ¡Una cosa más! Uno miente y otro dice la verdad. Entonces, ¿qué preguntas?

2 Aparece un cadáver en la parte inferior de un edificio de varios pisos. Parece bastante claro que la persona se ha suicidado al saltar de uno de los pisos. Sin embargo, llega el detective, va al primer piso y entra a la habitación en la dirección en la que se encontró el cuerpo. Abre la ventana y lanza una moneda hacia el suelo. Después va al segundo piso y hace exactamente lo mismo hasta el último piso. Cuando baja, les dice a los policías que es un asesinato, no un suicidio. ¿Cómo lo supo?

3 Estás en una habitación, sin ventanas ni puertas. Comienza a inundarse y, al buscar la llave para cerrar el agua no la encuentras. El agua va llenando la estancia y llamas desde tu teléfono para que vayan a rescatarte. Te informan de que tardarán cinco minutos, sin embargo, solo tienes dos minutos antes de que se inunde completamente la habitación. No podrás aguantar tres minutos la respiración para sobrevivir. Miras alrededor y ves una pajita, una cuerda y un cubo de fregona. Uno de ellos puede salvarte la vida. Piensa rápido antes de ahogarte, ¿cómo podrías salvarte?

4 Alex es vigilante nocturno, trabaja las siete noches de la semana en una fábrica de piezas para coches. De pronto, hecho un manojo de nervios, acude a su jefe diciéndole que la noche anterior ha soñado que iba a tener un accidente de tren. Alex sabe que su jefe tiene que hacer un viaje y le alerta para que no suba al tren.

El jefe se impresiona con el realismo del sueño y decide no viajar. Al día siguiente, lee en las noticias que el tren en el que iba a viajar había colisionado con otro. Se acerca a Alex y le da las gracias por el aviso, le entrega un cheque con dinero por haberle salvado la vida y acto seguido... ¡Le despide! ¿Sabes por qué?

5 En medio de una montaña en los Alpes hay un túnel en el que solo hay una vía de tren. Esta se utiliza para los trenes que viajan en ambos sentidos. Un buen día pasó un tren en dirección a uno de los sentidos y otro hacia el contrario. Lo más extraño del caso es que los trenes no chocaron, no hubo ningún accidente. ¿Cómo es posible si solo hay una vía?

6 Un coche circulaba a toda velocidad sin luces por una callejuela en la que todas las farolas estaban rotas. De pronto, un peatón cruzó sin mirar la calle. Para mayor desgracia, vestía de negro, lo que no ayudaba demasiado. Sin embargo, el conductor pudo verle sin problema y le esquivó evitando así un grave accidente. ¿Cómo pudo ser?

SOLUCIONES

1 Tienes que preguntar a cada gemelo «¿Qué diría tu hermano?».

Esto funciona porque, si la ruta correcta está en el lado izquierdo, cuando preguntas al mentiroso, este sabría que su hermano sería sincero y sugeriría ir por el lado izquierdo, pero recordemos que estamos preguntando al hermano mentiroso, así que mentiría y señalaría el camino derecho. Cuando le preguntes al gemelo honesto, él sabría que su hermano mentiría y diría el camino derecho, pero él no miente y asegura que es la derecha. Por lo tanto, el lado correcto es el opuesto al que ambos han dicho: ¡el izquierdo!

2 Si fuera un suicidio y la persona saltó por la ventana, ¿cómo es que todas las ventanas estaban cerradas?

3 La pajita no te servirá de nada, es demasiado pequeña y no te permitirá respirar. La cuerda tampoco es útil, no tienes nada a lo que agarrarte. Finalmente, el cubo será tu salvación. Dale la vuelta y colócalo sobre tu cabeza mientras se inunda la estancia. Lograrás crear una burbuja de aire que te permitirá respirar hasta que lleguen a salvarte.

4 Alex trabajaba el turno nocturno, todas las noches de la semana, pero en lugar de vigilar las instalaciones de la fábrica, se había dormido. Aunque el sueño le salvó la vida, el jefe consideró que no era un buen trabajador por quedarse dormido en su turno.

5 ¿El enigma de lógica mencionaba que los dos trenes pasaron el mismo día, a la misma hora? Ahí está la trampa, cada tren pasó a horas distintas ~~o días distintos y~~, por ello, no chocaron.

6 Es posible que pensaras que era de noche al dar determinadas pistas como que iba sin luces, las farolas rotas y el hombre que vestía de negro. Pero en ningún momento se menciona esto. Era de día y, por lo tanto, el conductor pudo esquivar sin problemas al peatón.

ENTRENA A TU CEREBRO POTENCIANDO TU AGUDEZA VISUAL

Casi todas las personas tienen ojos y ven, pero no todas se dan cuenta de qué pasa a su alrededor. Yo, con los años, he perdido vista, pero he aumentado mi agudeza visual.

¿Sabes que se puede entrenar? A ver cómo llevas la tuya. Un buen científico debe ser un buen observador. Las formas y los dibujos hablan y esconden enigmas. ¿Los vas a descubrir?

JUEGOS ÓPTICOS

En estos juegos ópticos nada es lo que parece a simple vista. ¡Piensa con los ojos! ¿Que no se puede? Ya sé que no se puede, pero es una expresión para decirte que aprendas a que, quizás, lo que ves no es lo que tu lógica entiende.

JUEGOS ÓPTICOS

1

En este juego tienes que añadir cuatro palitos para que quede uno. ¿Cómo lo harás?

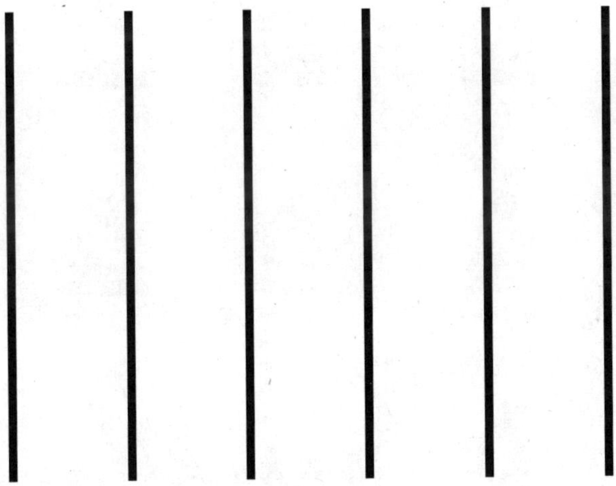

2

¿Cómo harías para aislar cada uno de estos microscopios dibujando solo dos cuadrados?

3

¿Qué probeta se llenará antes?

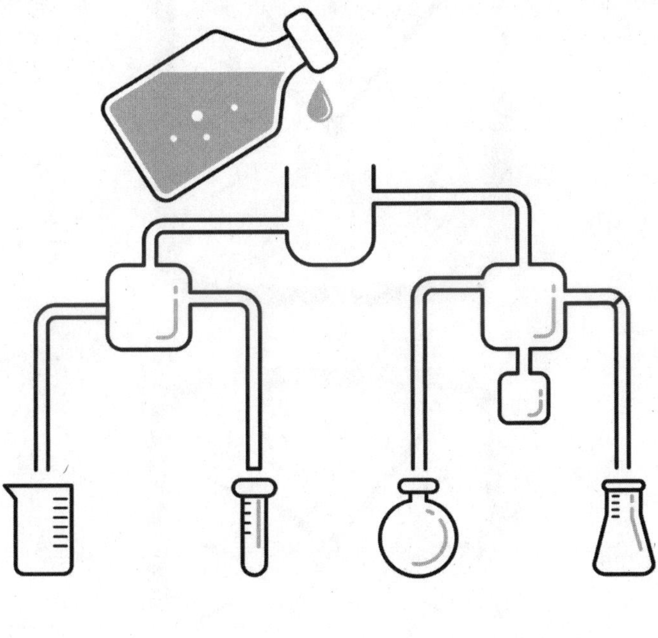

4

Uno de estos dos relojes está mal fabricado. ¿Sabrías indicar cuál?

5

¿La línea superior de este rectángulo es continua con cuál de las líneas inferiores?

6

Este dado girará hasta llegar al cuadrado final que indica la flecha. ¿Qué cara quedará en la parte superior? Aquí debes usar tu lógica espacial.

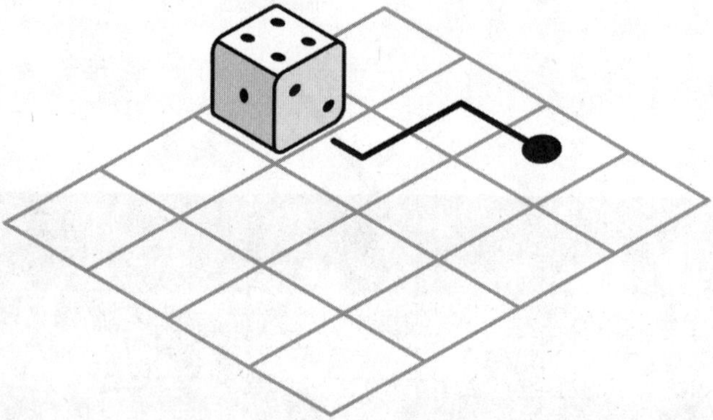

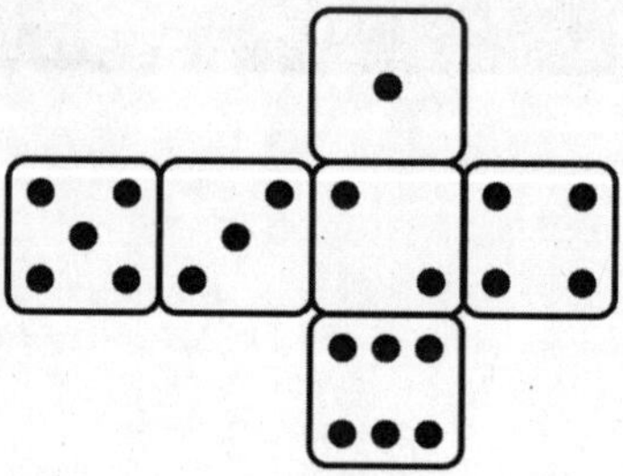

SOLUCIONES

1 No era tan difícil, ¿verdad?

UNO

2 De esta forma quedan perfectamente aislados los nueve microscopios.

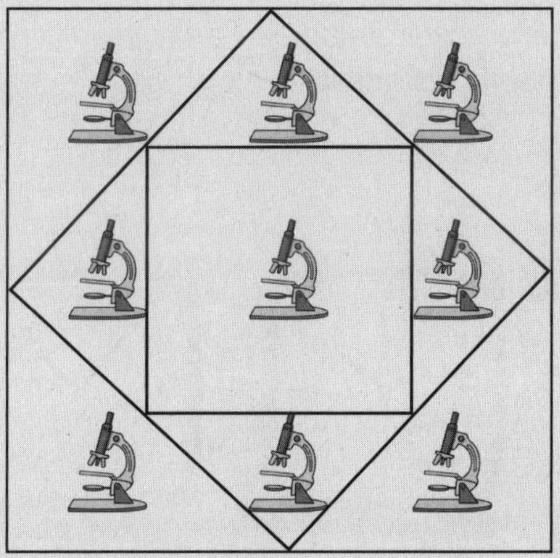

3 Espero que hayas observado todos los detalles y no se te haya escapado ni una gota.

4 El de la izquierda, porque la aguja es demasiado larga y no podría dar la vuelta.

5 ¿Has acertado? ¿O tus ojos te han jugado una mala pasada?

6

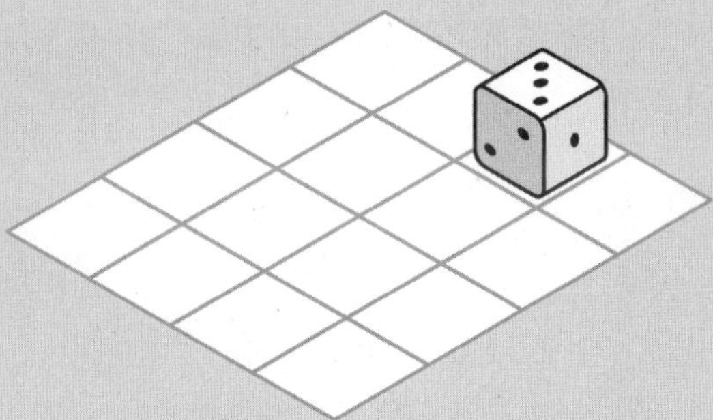

¿DÓNDE ESTÁ?

Hace muchos años salieron unos libros de un viajero muy simpático que se escondía en medio de un paisaje repleto de gente. Era difícil encontrarlo sin práctica. Reconozco que me enganché a buscar al hombrecillo del gorro de rayas. Pero no me salía a cuenta comprar el libro, iba a una velocidad de dos segundos por página. En estos acertijos que te propongo también tendrás que buscar lo que te señala el enunciado.

¡Suerte!

1 Entre estos OK hay uno que no sigue la norma. ¿Lo ves?

OK OK OK OK OK OK OK OK OK OK OK OK
OK OK OK OK OK OK OK OK OK OK OK OK
OK OK OK OK OK OK OK OK OK OK OK OK
OK OK OK OK OK OK OK OK OK OK OK OK
OK OK OK OK OK OK OK OK OK OK OK OK
OK OK OK OK OK OK OK OK OK OK OK OK
OK OK OK OK OK OK OK OK OK OK OK OK
OK OK OK OK OK OK OK OK OK OK OK OK
OK OK OK OK OK OK OK OK OK OK OK OK
OK OK OK OK OK OK OK OK OK OK OK OK
OK OK OK OK OK OK OK OK OK OK OK OK
OK OK OK OX OK OK OK OK OK OK OK OK
OK OK OK OK OK OK OK OK OK OK OK OK
OK OK OK OK OK OK OK OK OK OK OK OK
OK OK OK OK OK OK OK OK OK OK OK OK
OK OK OK OK OK OK OK OK OK OK OK OK

2 En estos cuadros hay una letra. ¿La ves?

3 En esta imagen hay un error, algo que no concuerda. ¿Lo ves?

4 Una de estas piezas es única, no hay ninguna que sea igual. ¡Encuéntrala!

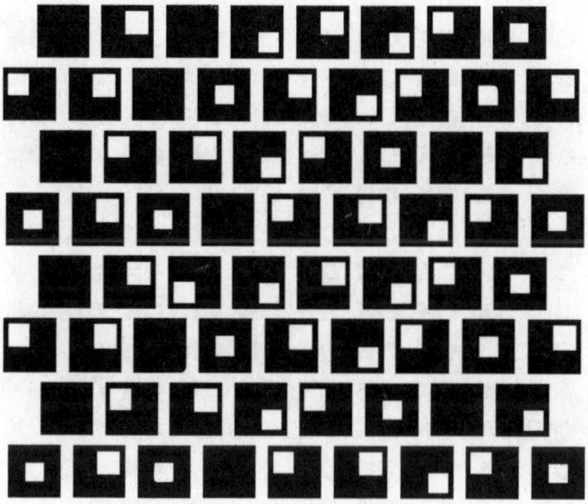

5 Encuentra el número 838 entre estos números. ¿Sabes dónde está?

0 8 3 6 3 1 5 6 8 9 6 3
8 5 3 2 1 0 9 8 7 6 5 2
9 7 0 1 2 0 3 6 3 7 8 4
4 5 8 9 9 8 3 2 0 8 1 8
2 0 3 1 7 8 9 9 8 7 6 5
2 0 1 3 6 6 9 8 8 4 7 5
1 0 2 6 6 5 5 4 8 9 7 1

SOLUCIONES

1 Vaya, vaya... Uno de ellos no estaba tan *ok*.

OK OK OK OK OK OK OK OK OK OK OK OK
OK OK OK OK OK OK OK OK OK OK OK OK
OK OK OK OK OK OK OK OK OK OK OK OK
OK OK OK OK OK OK OK OK OK OK OK OK
OK OK OK OK OK OK OK OK OK OK OK OK
OK OK OK OK OK OK OK OK OK OK OK OK
OK OK OK OK OK OK OK OK OK OK OK OK
OK OK OK OK OK OK OK OK OK OK OK OK
OK OK OK OK OK OK OK OK OK OK OK OK
OK OK OK OK OK OK OK OK OK OK OK OK
OK OK OK OK OK OK OK OK OK OK OK OK
OK OK OK OX OK OK OK OK OK OK OK OK
OK OK OK OK OK OK OK OK OK OK OK OK
OK OK OK OK OK OK OK OK OK OK OK OK
OK OK OK OK OK OK OK OK OK OK OK OK
OK OK OK OK OK OK OK OK OK OK OK OK

2 La letra es la L.

3 El reloj digital marca las 11:35 a. m., pero por la imagen podemos deducir que es de noche. Por lo que debería ser p. m.

4

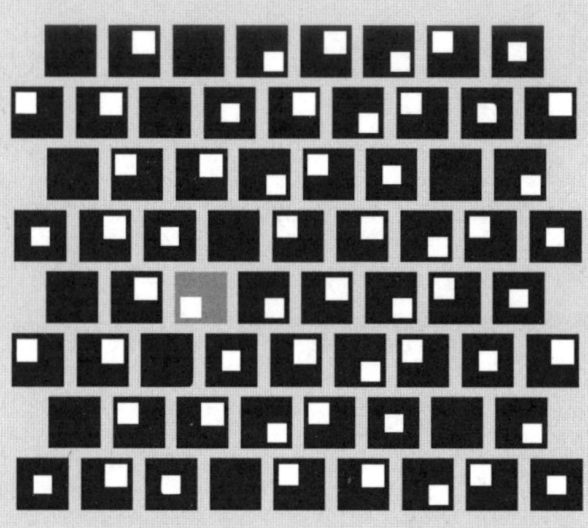

5

0	8	3	6	3	1	5	6	8	9	6	3
8	5	3	2	1	0	9	8	7	6	5	2
9	7	0	1	2	0	3	6	3	7	8	4
4	5	8	9	9	8	3	2	0	8	1	8
2	0	3	1	7	8	9	9	8	7	6	5
2	0	1	3	6	6	9	8	8	4	7	5
1	0	2	6	6	5	5	4	8	9	7	1

JUEGOS COMPARATIVOS

Aquí hemos topado con mi talón de Aquiles, los efectos ópticos. Y es que por mucho que mi cerebro entienda conceptos y fórmulas complicadísimas, mis ojos son como los de cualquiera. Me he de fijar muy bien para saber dónde se encuentra la trampa. Vamos a ver si eres capaz de ganarme resolviendo rápidamente estos ejercicios.

1

Compara estos tres triángulos y escoge el que encaja entre los comecocos. Solo uno de ellos tiene la medida exacta. Usa tu ojo clínico.

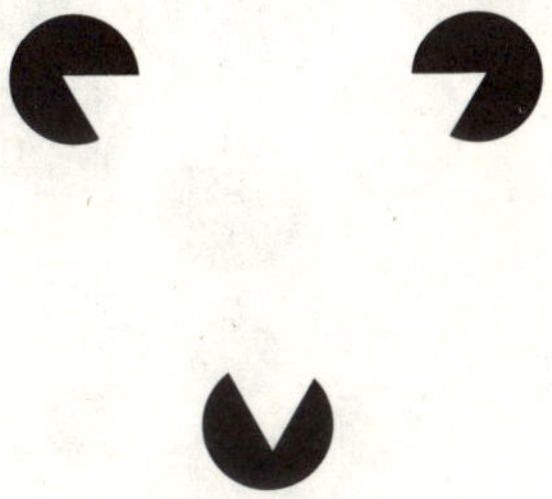

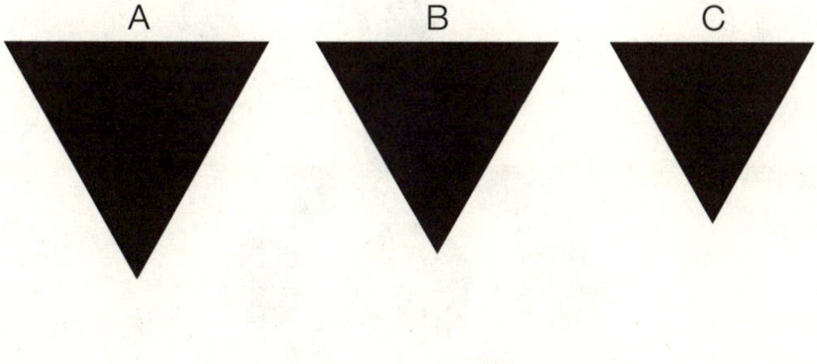

2

¿Dirías que los tres círculos grises tienen el mismo tamaño?

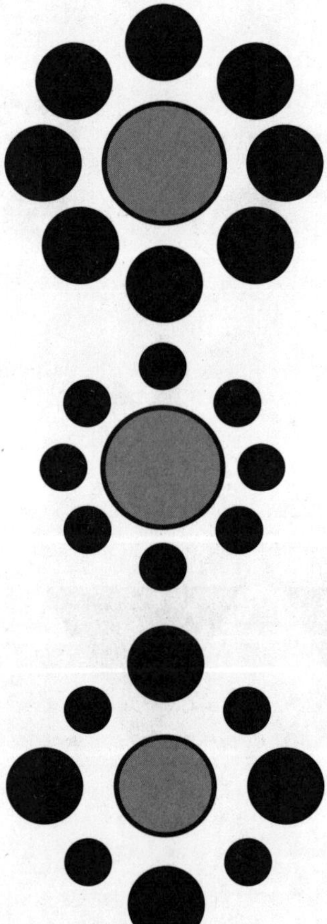

3

¿Los rectángulos de debajo de las flechas tienen la misma medida?

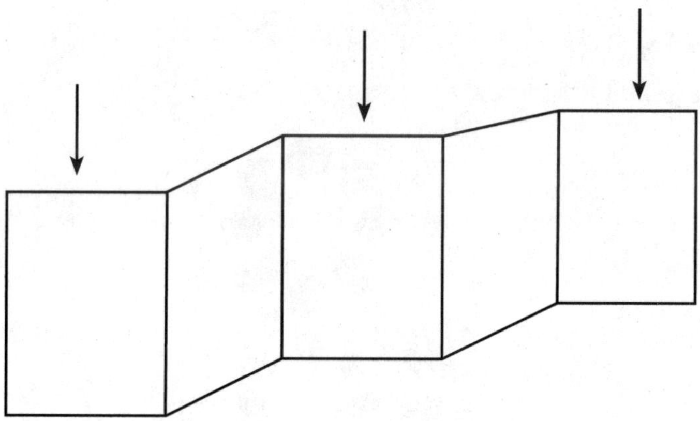

SOLUCIONES

1 Aunque no lo parezca, el que encaja es el triángulo A.

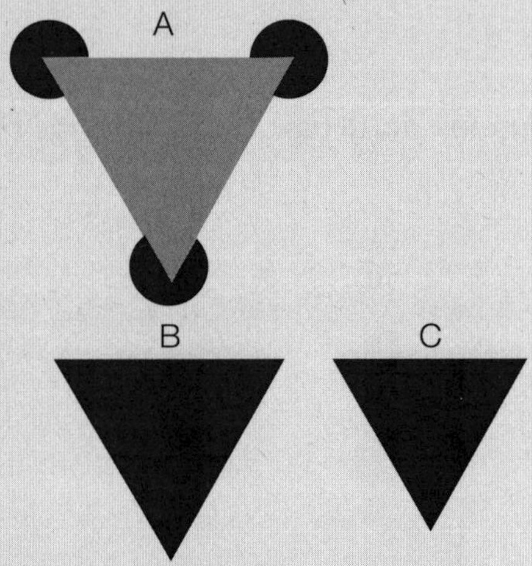

2 El último círculo es más pequeño.

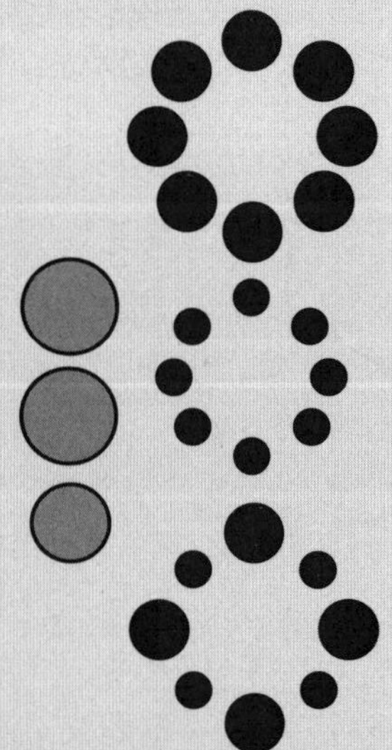

3 Pues va a ser que no…

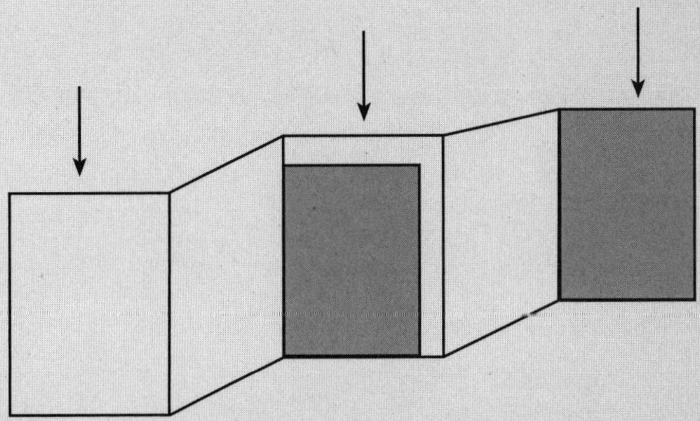

JUEGO DE DIFERENCIAS

¿Quién de niño no se ha pasado horas jugando a encontrar las siete diferencias? Era mi pasatiempo preferido de los domingos cuando mi padre compraba el periódico. Bueno, porque el crucigrama y el resto de pasatiempos ya me los daba resueltos y solo los tenía que corregir. Vuelve a tu infancia y encuentra las diferencias de los siguientes acertijos.

1

Entre estos elementos que colecciono del mundo cinéfilo hay cinco diferencias. ¡Encuéntralas!

2

Me encanta hacer maratones de videojuegos. Entre lo que uso habitualmente hay cinco diferencias. Compara y encuentra.

3

Estas son algunas de mis comidas preferidas, aquellas que no puedo dejar de comer, aunque ya sé que me están tapando las arterias y llenándome de calorías. ¿Encuentras las cinco diferencias?

SOLUCIÓN JUEGO DE DIFERENCIAS 1

SOLUCIÓN JUEGO DE DIFERENCIAS 2

SOLUCIÓN JUEGO DE DIFERENCIAS 3

ENTRENA A TU CEREBRO COMPLETANDO PATRONES

Dedicarse a la investigación es analizar y encontrar patrones en todas partes. Me he pasado la vida leyéndolos, detectándolos, estudiándolos, comparándolos... Por eso es normal que también haya creado juegos con ellos.

En todo lo que hacemos podemos divertirnos, incluso con las secuencias de números o formas geométricas. Supongo que es por eso que me costaba hacer amigos. Sobre todo cuando ya jugaba a completar secuencias con 3 años.

SECUENCIAS NUMÉRICAS

Empecemos con las secuencias numéricas, ¡mis preferidas! No te fíes del orden en el que las he planteado, no están ordenadas por niveles. Así que puede que una sea fácil y la siguiente no tanto y la siguiente vuelva a ser más sencilla. Hay algunas que son puramente matemáticas y otras que se tiene que usar un poco el pensamiento lateral para encontrar la lógica. ¡Nos lo vamos a pasar muy bien!

SECUENCIAS NUMÉRICAS

A 1, 2, 4, 5, 10, 11, ?

B 7, 6, 8, 24, 6, 5, ?

C 90, 180, 180, 120, 60, 24, ?

D 2, 4, -12, -24, 72, 144, ?

E 2, 3, 5, 7, 11, 13, 17, ?

F

1, 3, 6, 11, 18, 29, ?

G

1, 2, 9, 8, 3, 4, 7, ?

H

0, 5, 4, 2, 9, 8, 6, ?

I

2, 12, 17, 18, 19, ?

J

6, 15, 24, 33, ?

K 55, 65, 76, 89, ?

L 112, 224, 336, 448, ?

M 1, 11, 21, 1211, 111221, ?

N 1, 4, 9, 16, 25, ?

Ñ 31, 28, 31, 30, ?

O 0, 1, 1, 2, 4, 8, 16, ?

P 3, 3, 8, 12, 14, 23, 31, ?

Q 1, 5, 49, 493, 4937, ?

R 2, 4, 1, 6, 5, 7, 12, ?

S 2, 4, 8, 32, ?

SOLUCIONES

A 1 (+1), 2 (x2), 4 (+1), 5 (x2), 10 (+1), 11 (x2), 22

B 7 (-1), 6 (+2), 8 (x3), 24 (/4), 6 (-1), 5 (+2), 7

C 90 (x2 /1), 180 (x2 /2), 180 (x2 /3), 120 (x2 /4), 60 (x2 /5), 24 (x2 /6), 8

D 2 (x2), 4 (x (-3)), -12 (x2), -24 (x (-3)), 72 (x2), 144 (x (-3)), 432

E 2, 3, 5, 7, 11, 13, 17, 19 (son números primos)

F 1 (+2), 3 (+3), 6 (+5), 11 (+7), 18 (+11), 29 (+13), 42

G 1, 2, 9, 8, 3, 4, 7, 6
Hay dos secuencias dentro de la misma secuencia. Los dos primeros números continúan de forma ascendente dos posiciones después en la secuencia y el tercer y cuarto número continúan dos posiciones después de forma descendente.

H 0, 5, 4, 2, 9, 8, 6, 7
Los números están ordenados según el abecedario (cero, cinco, cuatro, dos, nueve, ocho, seis, siete).

I 2, 12, 17, 18, 19, 200
Empiezan por la misma letra (D).

J 6, 15, 24, 33, 42

La suma de los dos dígitos da como resultado 6 (15 (1+5), 24 (2+4), 33 (3+3), 42 (4+2)).

K 55 (5+5=10), 65 (6+5=11), 76 (7+6=13), 89 (8+9=17), 106
El resultado de sumar las dos cifras es el que se suma al número principal para encontrar el siguiente en la secuencia.

L 112, 224, 336, 448, 5510
Sumando las dos primeras cifras da el resultado de la tercera cifra para completar el número de la secuencia.

M 1, 11, 21, 1211, 111221, 312211
El primer dígito indica el número de veces consecutivas que aparece y el siguiente término el dígito que se repite (1) (un 1) (dos 1) (un 2 y un 1) (un 1, un 2, dos 1) (tres 1, dos 2 y un 1).

N 1 (1 al cuadrado), 4 (2 al cuadrado), 9 (3 al cuadrado), 16 (4 al cuadrado), 25 (5 al cuadrado), 36 (6 al cuadrado)

Ñ 31 (enero), 28 (febrero), 31 (marzo), 30 (abril), 31 (mayo)

O 0, 1 (0+1), 1 (1+1), 2 (0+1+1+2), 4 (0+1+1+2+4), 8 (0+1+1+2+4+8), 16 (0+1+1+2+4+8+16), 32

P 3 (+0), 3 (+5), 8 (+4), 12 (+2), 14 (+9), 23 (+8), 31 (+6), 37.
Se suman los números según el orden alfabético: cero, cinco, cuatro, dos, nueve, ocho, seis, siete, tres, uno.

Q 1 (+4), 5 (+44), 49 (+444), 493 (+4444), 4937 (+44444), 49381

R 2, 4, 1, 6 (2+4), 5 (1+6), 7 (6+5), 12 (5+7), 19
Se van sumando los anteriores.

S 2, 4, 8 (2x4), 32 (4x8), 256 (8x32)

SECUENCIAS DE CARTAS

Por suerte (y desgracia) he pasado muchas horas muertas solo en mi laboratorio. Algunas esperando a que una mezcla reaccione, observando experimentos o simplemente pensando en mis cosas. Mi baraja de cartas es y ha sido una compañera excelente en estos períodos. He inventado juegos para un solo jugador que, cuando los recopile en un libro, va a ser un *best seller* entre la gente sin amigos.

Ahora te propongo unos acertijos de secuencias de cartas que te van a encantar.

1

2

3

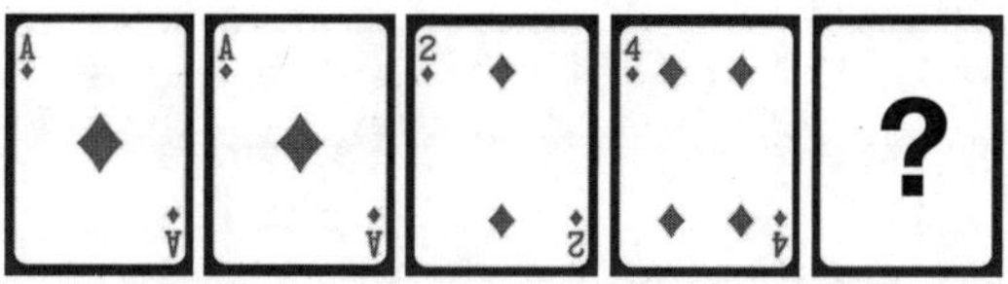

4

5

6

7

8

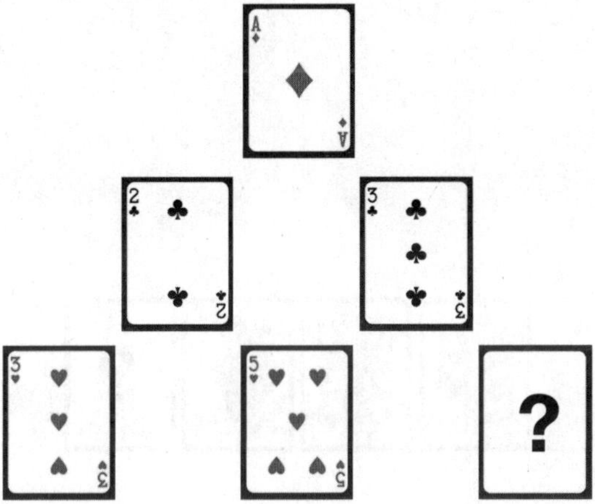

9

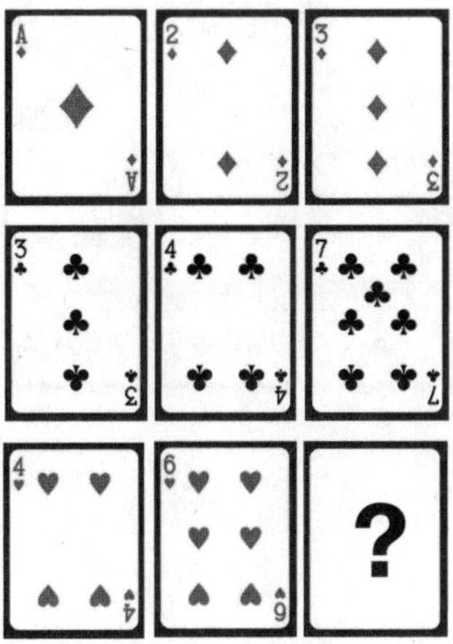

10

11

12

13

14

15

16

17

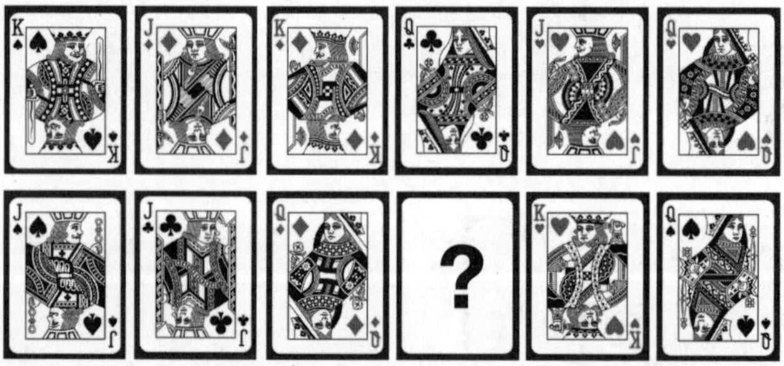

18

19

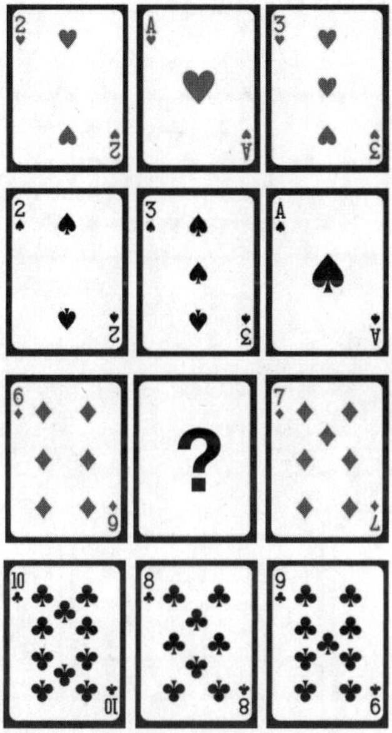

20

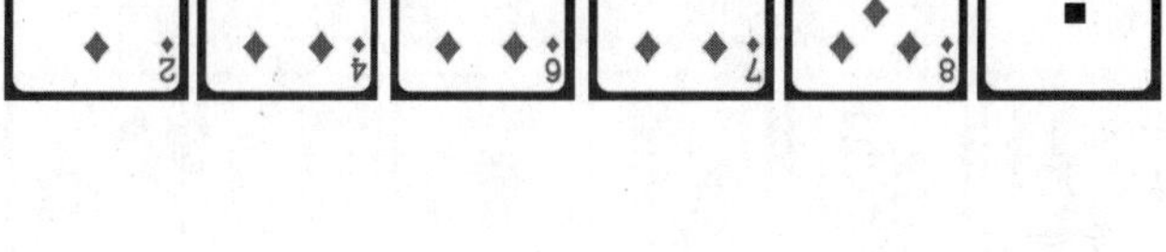

SOLUCIONES

1 Las cartas van correlativas, una de cada color.

2 La primera más la segunda suma 3, la segunda más la tercera suma 5, la tercera más la cuarta suma 8 y la cuarta más la quinta 13, que es el valor del rey.

3 Cada carta es la suma de todo lo que hay anteriormente.

4 Una jota, dos reinas, tres reyes.

5 Es una secuencia que va hasta el as y vuelve a empezar de forma inversa. 10, 6, 3, 1, 3, 6, 10

6 Por un lado tenemos el 1, 2 y 3 que van de forma secuencial y las otras cartas a las que se resta 1, 2 y 3 por lo que 7 menos 3 es 4.

7 Las cartas rojas van en secuencia descendente y las cartas negras ascendente.

8 Es la suma de las anteriores en diagonal desde el principio de la pirámide.

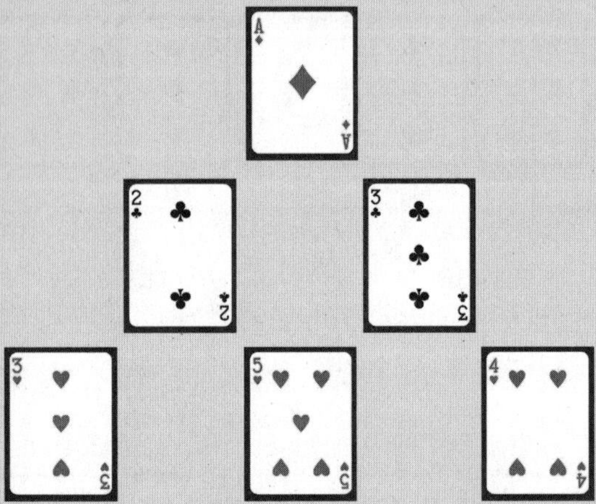

9 La última carta, en todo el cuadrado, es la suma de las anteriores tanto vertical como horizontalmente.

10 Las dos primeras rojas sumadas dan como resultado la tercera roja y las dos primeras negras sumadas dan como resultado la tercera negra.

11 Algunas cartas tienen dos mitades y la siguiente siempre es la mitad que antes estaba en la parte inferior.

12 Carta sí, carta no, la parte de abajo es un 2. La carta siguiente de cada vez que aparece un 2 es la suma de todo lo anterior, sumando la carta que vemos como dos miradas como si fueran cartas completas.

13 Las rojas se restan y las negras también.

14 Se repite la secuencia, pero en descendente y negro.

15 Todos son impares.

16 Las cartas son correlativas.

17 Es la única figura que falta.

18 9 dividido entre 3 es 3 y 3 dividido entre 3 es 1.

19 Los corazones y los tréboles son el orden de las rojas y negras, respectivamente. Por lo que al poner en orden los diamantes y los tréboles esa es la que falta.

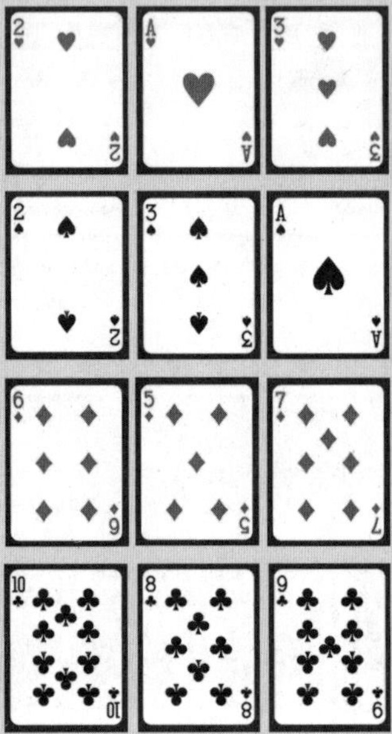

20 Esta es de pensamiento lateral. Las que aparecen son todas las cartas que no tienen un diamante justo en el centro.

SECUENCIAS GEOMÉTRICAS

Las secuencias no son solo de números o de cartas, pueden darse con formas y objetos, incluso con personas. Mi obsesión con las secuencias llegó a ser tal que incluso busqué un patrón entre las personas que se sentaban juntas en el bar frente a mi casa o en la parada del autobús. Hey, ¡y algunas veces encontré patrones que se repetían! Pero hablaré de esto más adelante.

Ahora te propongo acertijos donde nos centraremos en la geometría.

1 De entre todas las opciones, ¿cuál se debería colocar en la posición del interrogante?

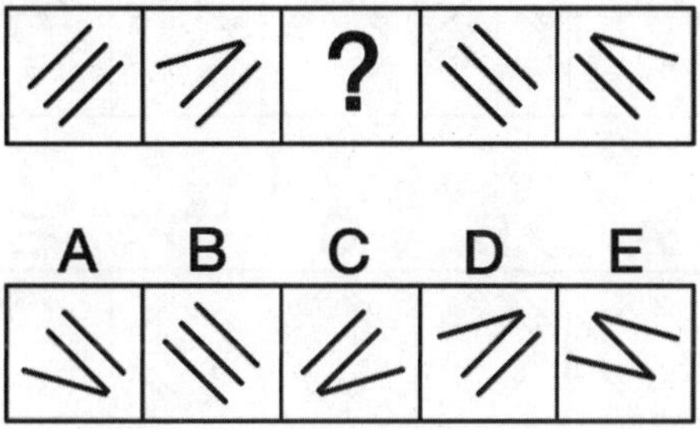

2 De entre todas las opciones, ¿cuál se debería colocar en la posición del interrogante?

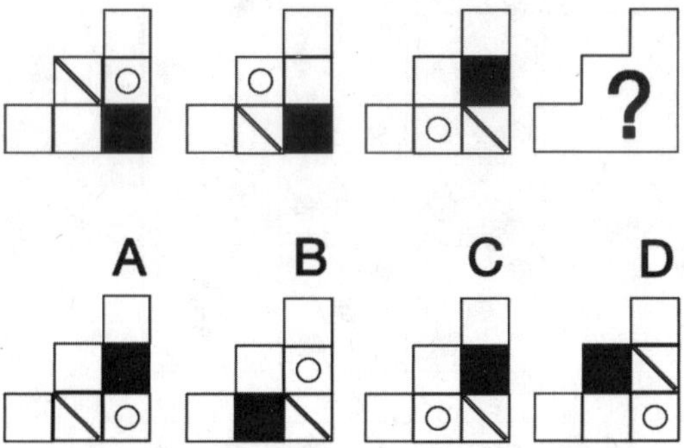

3 ¿Cuál de las opciones de la fila de abajo debería ir en la posición del interrogante?

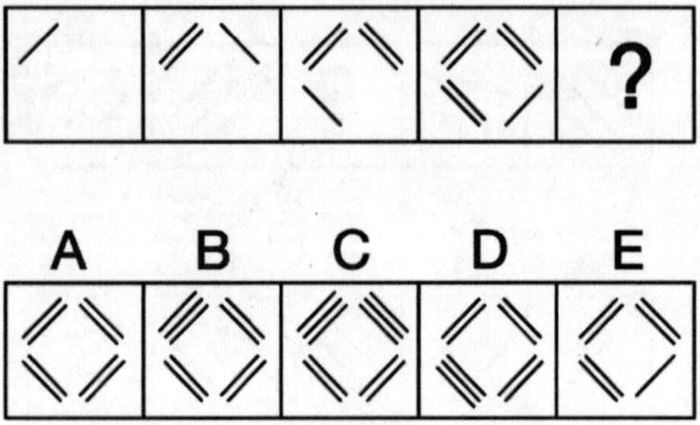

4 De entre todas las opciones, ¿cuál se debería colocar en la posición del interrogante?

5 Y en esta ocasión, ¿cuál de las opciones de abajo se debería colocar en la posición del interrogante?

A B C D

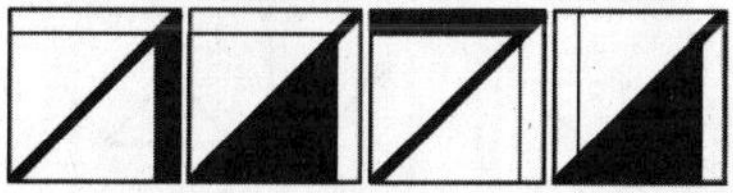

6 De entre todas las opciones A, B, C, D y E, ¿cuál se debería colocar en la posición del interrogante?

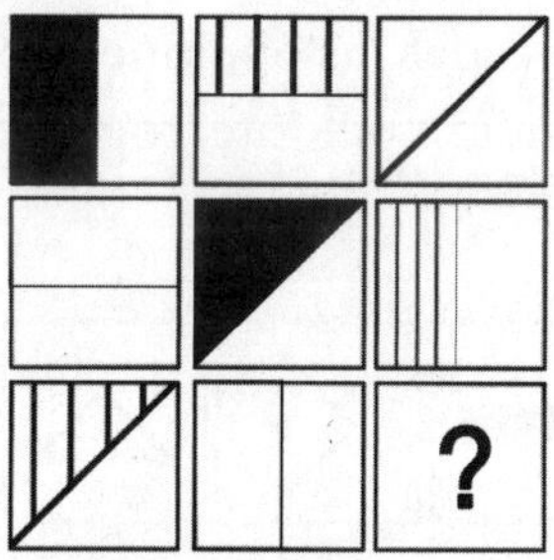

A B C D E

7

De entre todas las opciones, ¿cuál se debería colocar en la posición del interrogante?

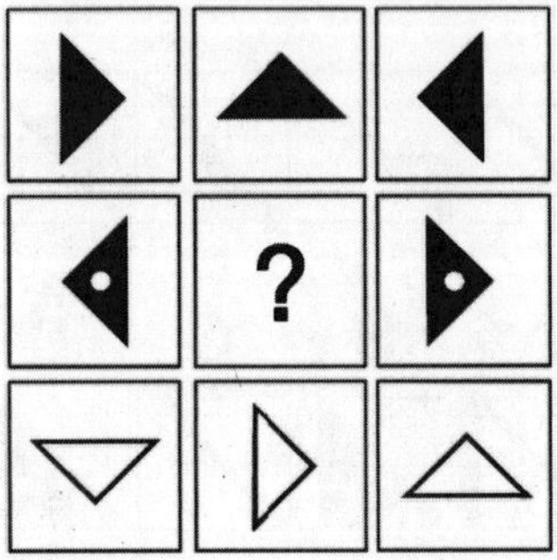

A B C D

8

De entre todas las opciones, ¿cuál se debería colocar en la posición del interrogante?

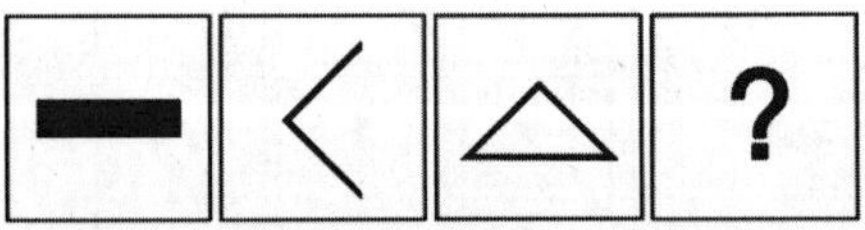

A B C D

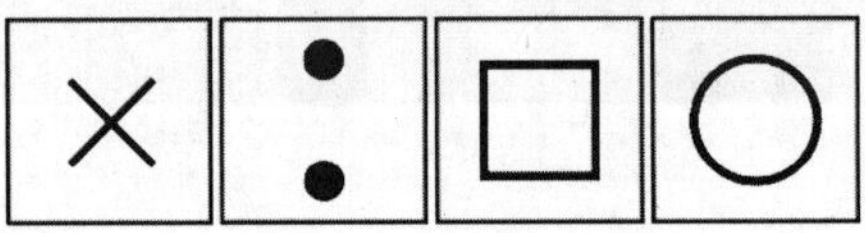

9

De entre todas las opciones, ¿cuál se debería colocar en la posición del interrogante?

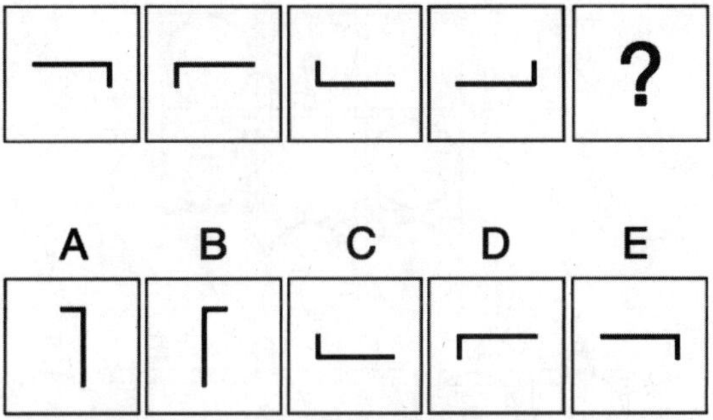

10

De entre todas las opciones, ¿cuál se debería colocar en la posición del interrogante?

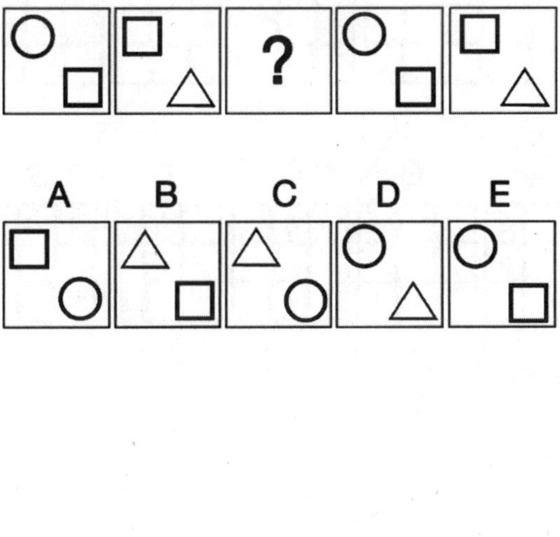

11

De entre todas las opciones, ¿cuál se debería colocar en la posición del interrogante?

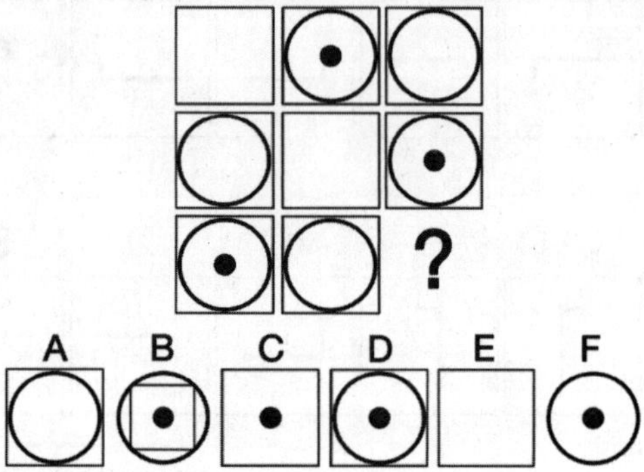

12

De entre todas las opciones, ¿cuál se debería colocar en la posición del interrogante?

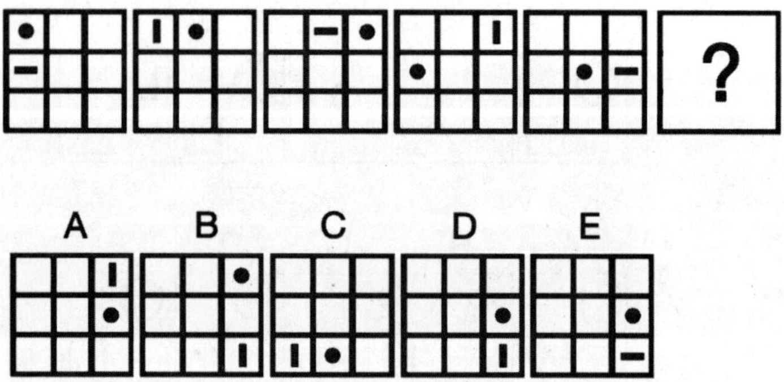

13 De entre todas las opciones, ¿cuál se debería colocar en la posición del interrogante?

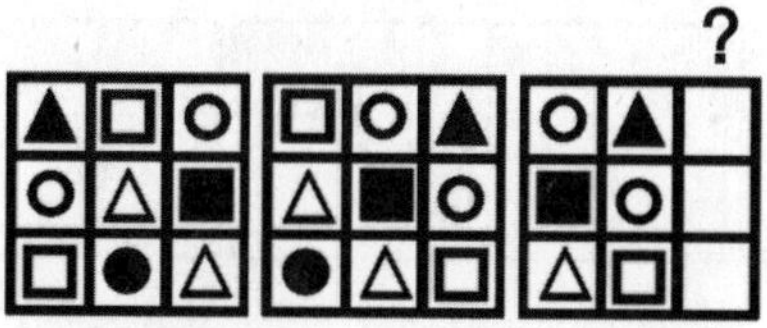

A B C D

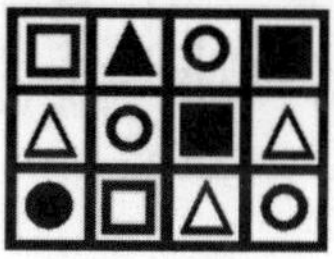

14 De entre todas las opciones, ¿cuál se debería colocar en la posición del interrogante?

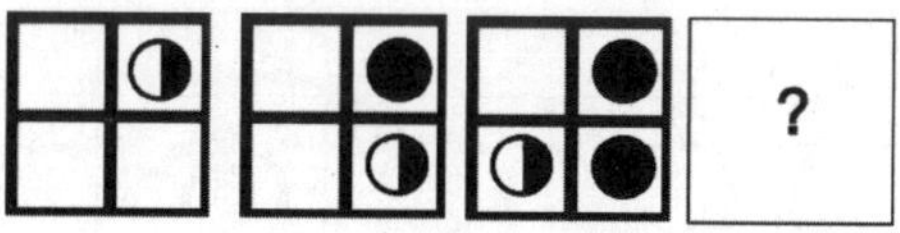

A B C D

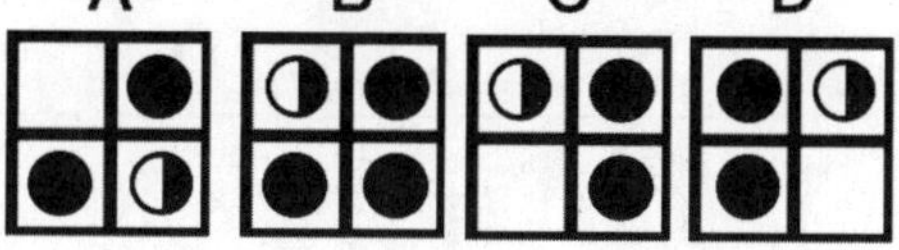

15 De entre todas las opciones, ¿cuál se debería colocar en la posición del interrogante?

A B C D E

16 De entre todas las opciones, ¿cuál se debería colocar en la posición del interrogante?

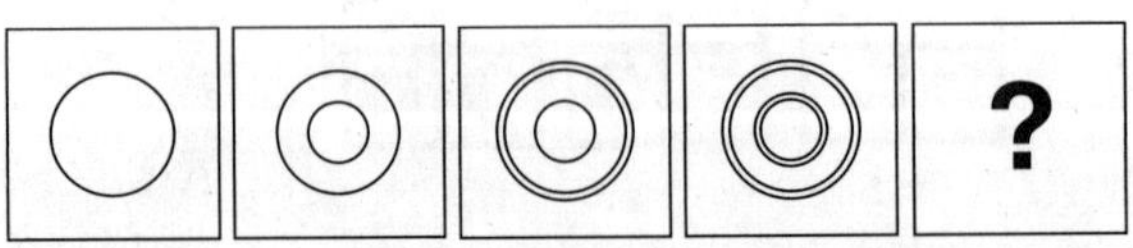

A B C D E

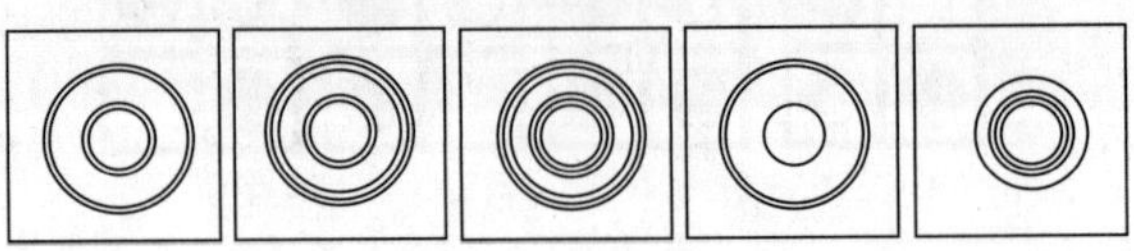

17 De entre todas las opciones, ¿cuál se debería colocar en la posición del interrogante?

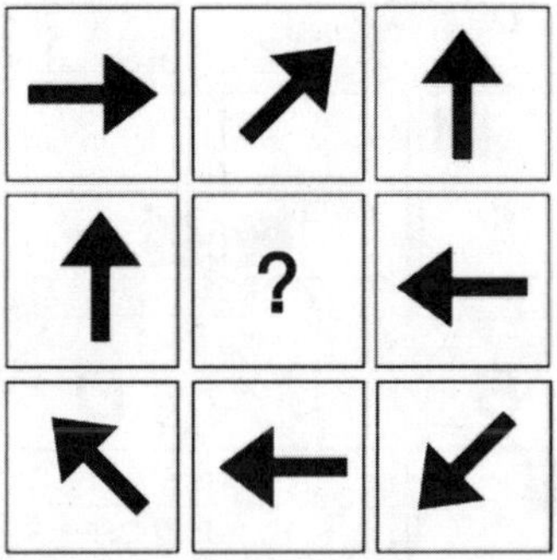

18 De entre todas las opciones, ¿cuál se debería colocar en la posición del interrogante?

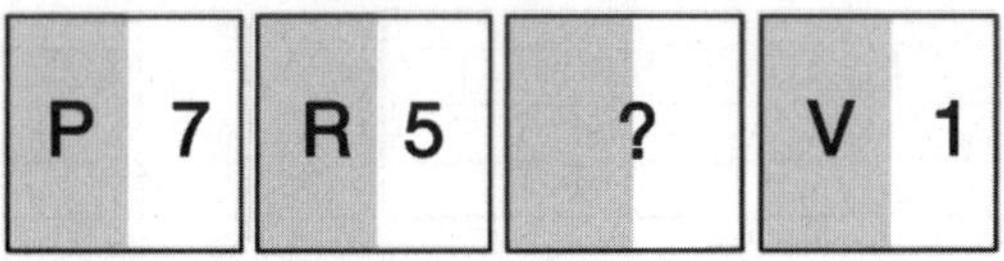

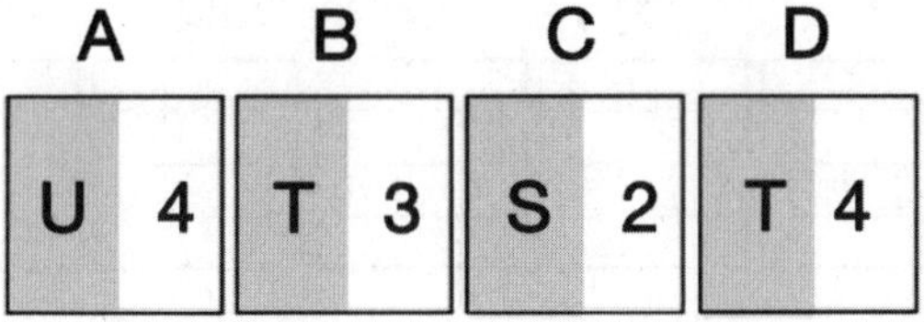

19 De entre todas las opciones, ¿cuál se debería colocar en la posición del interrogante?

A B C D

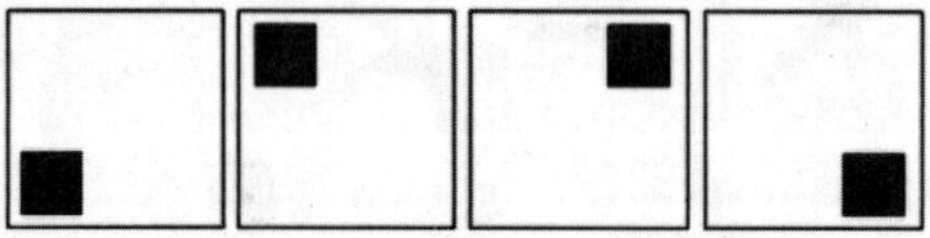

20 De entre todas las opciones, ¿cuál se debería colocar en la posición del interrogante?

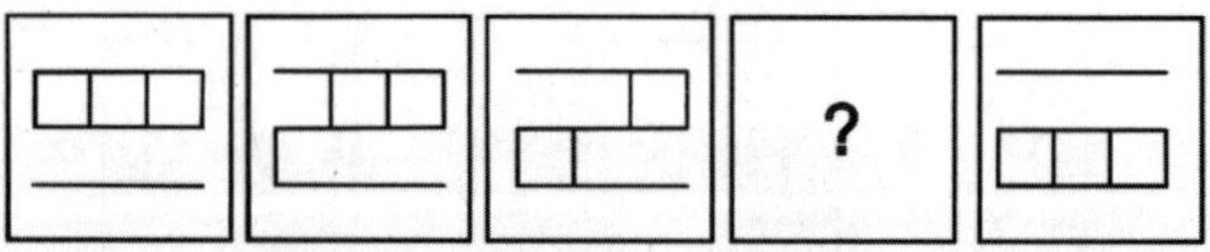

A B C D E

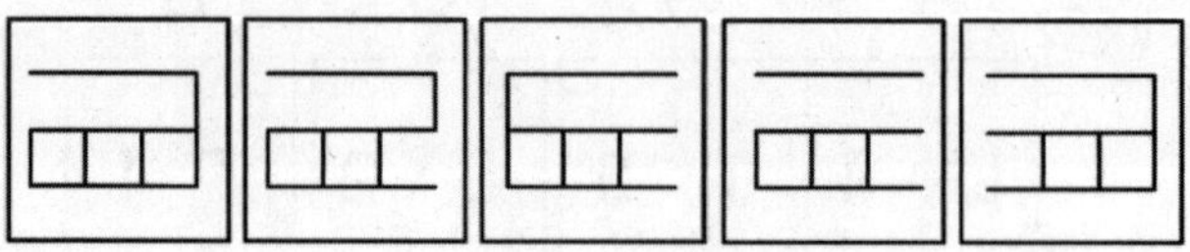

SOLUCIONES

1 Las líneas se mueven hacia abajo, empezando por la que está más arriba.

A

2 La opción correcta es la D. El cuadrado de rayas se mueve siguiendo la dirección contraria a la de las agujas del reloj.

D

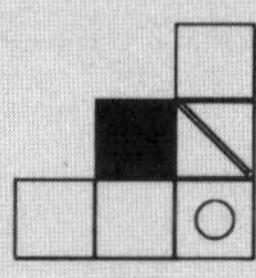

3 Las líneas aumentan con números impares. Por lo que la siguiente tiene que llevar nueve líneas. Hay dos opciones con nueve, pero la opción B es la que tiene las líneas colocadas tal y como evolucionan en los dibujos.

B

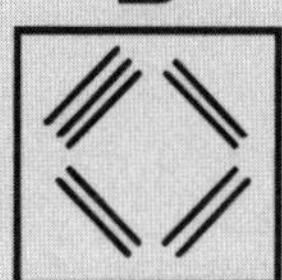

4 La respuesta correcta es la D, porque cumple con el resultado de la suma y porque su tono de gris es el único del que solo hay una pieza. Si escogemos la D y no la B, habrá dos piezas de cada tono.

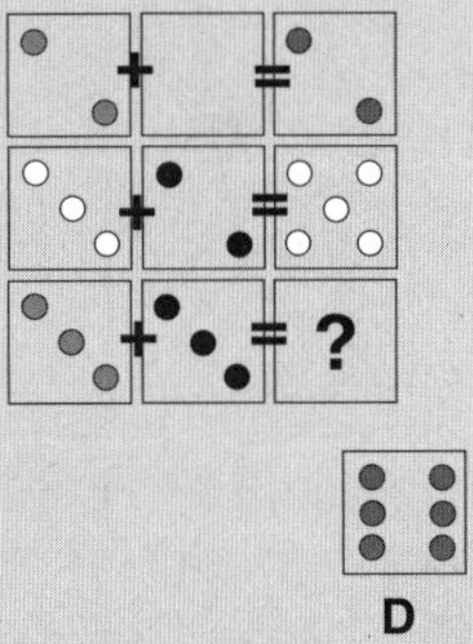

5 La B es la opción correcta ya que la posición del triángulo es la adecuada, se intercambian una vez arriba, una vez abajo y el cuadrado del fondo es un poco más grande y colocado en el lado correcto.

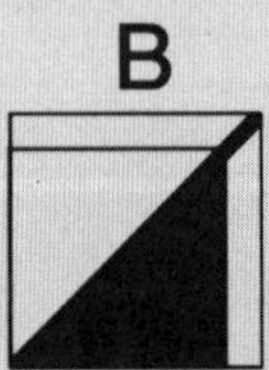

6 Cada uno de los tramados está colocado en diagonal, horizontal y vertical, en excepción del tramado negro. Por lo que la forma que falta es la horizontal. Para decidir si tiene que estar arriba o abajo hay que observar el tramado de líneas.

B

7 Las figuras giran hacia la izquierda 90 grados.

A

8 La opción correcta es la C porque es la que tiene cuatro líneas y sigue la secuencia en aumento de las líneas anteriores.

C

9 La opción correcta es la E, ya que la línea más corta se mueve en el sentido contrario a las agujas del reloj, por lo que volvería a estar en la misma posición que la inicial.

E

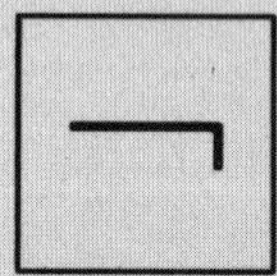

10 La respuesta correcta es la C, ya que la secuencia hace que la figura que se encuentra en la parte inferior derecha pase en el siguiente a la parte superior izquierda.

C

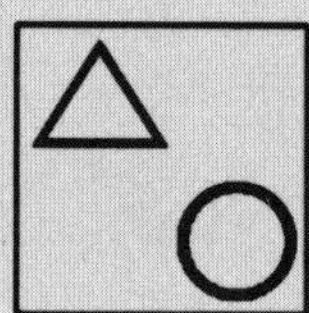

11 La solución es la E, ya que todas las formas se encuentran repetidas tres veces, con excepción de esta que solo está dos veces.

E

12 El círculo se mueve hacia la derecha por la primera fila y baja a la segunda y hace lo mismo. En cambio, la raya se mueve en círculo hacia la derecha y va intercalando la posición vertical y horizontal.

D

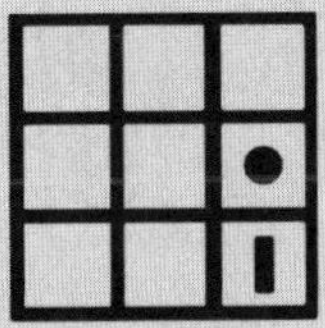

13 En cada combinación hay una de cada de las figuras negras, de los triángulos blancos hay dos y de cuadrados y redondas blancas dos de cada. Esta es la que complementa las figuras que faltan.

A

14 La respuesta correcta es la B porque es la que mueve la pieza bicolor en el sentido de las agujas del reloj y coloca una pieza negra en el lugar donde estaba anteriormente.

B

15 Hay que observar que el círculo está a un lado diferente cada vez y la línea posterior aparece y desaparece intercaladamente. Por eso, la opción que iría después es la C.

C

16 La opción correcta es la B porque es la que los círculos exteriores han aumentado uno.

B

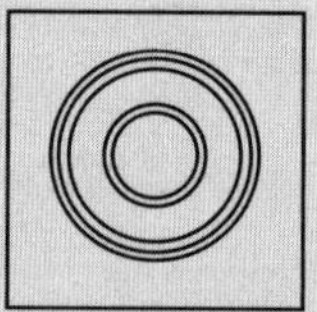

17 Las flechas se mueven cada vez 45 grados hacia la izquierda.

D

18 Las letras siguen el orden del abecedario, pero saltando una de las letras. Los números restan dos cada vez.

B

19 La posición es la misma que al inicio, el cuadrado negro ha dado toda la vuelta.

B

20 Las líneas verticales de la parte superior, en este caso, bajan a la parte inferior, hasta formar tres cuadrados en la parte inferior. Después, estas líneas tienen que volver a subir.

B

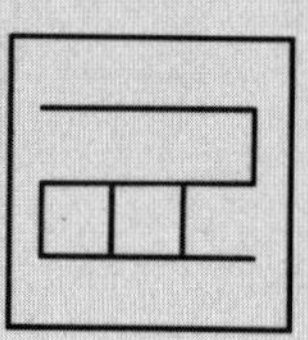

SECUENCIAS DE LETRAS

Finalmente, te propongo unos acertijos secuenciales de letras. Yo creo que, incluso entre las letras que están colocadas al azar, puede haber algún patrón que se repite. Al final, el universo es el que manda y pocas cosas son aleatorias y sin motivo.

A ver si encuentras el patrón que siguen estas letras. ¡Ánimo!

1 D - Y - J - D - Y - I - D - Y - ?

A) J
B) I
C) H
D) Y

2 1A - 2D - 3I - 4O - ?

A) 5V
B) 5W
C) 5X
D) 5Y

3 I - C - J- A- H- B - I - C - J - A - H - B - I - ?

A) A
B) B
C) C
D) H

4 A - N - C - O - E -Q -G - ?

A) S - E
B) I - L
C) S - I
D) H - U

5 A - B - C - A - D - E - F - D - G - H - I - ?

A) G
B) H
C) I
D) J

6 C - S - D - R - Q - E - P - O - Ñ - F - N - M - ?

A) A
B) F
C) G
D) L

7 M - N - Ñ - C - D - E - R - S - T - I - J - K - ?

A) S
B) B
C) J
D) X

8 E - H - K - Ñ - N - P - S - W - V - ?

A) A
B) Y
C) X
D) Z

9 T - S - V - W - S - Z - A - S - E - F - S - ?

A) J
B) K
C) H
D) R

10 D - K - L - E - H - M - F - I - N - ?

A) G
B) E
C) Ñ
D) H

11 C - D - G - H - X - W - T - S - K - L - Ñ - O - P - O - ?

A) M
B) N
C) R
D) T

12 C - J - O - T - ?

A) D
B) C
C) X
D) O

13

A - B - A - F - G - F - O - P - O - U - V - ?

A) V
B) U
C) T
D) Z

14

D - E - C - I - J - H - N - ?

A) Ñ
B) O
C) M
D) P

15

Q - O - N - L - J - ?

A) I
B) H
C) G
D) L

16

A - B - D - G - K - ?

A) Ñ
B) P
C) O
D) G

17

A - A - B - A - C - A - D - ?

A) E
B) F
C) B
D) A

18

T - W - R - U - O - S - L - Ñ - ?

A) K
B) G
C) H
D) F

19

F - J - N - G - K - Ñ - ?

A) G
B) K
C) C
D) H

20

A - C - E - G - I - K - ?

A) L
B) E
C) M
D) N

SOLUCIONES

1 La respuesta correcta es la H. Las letras D, Y se repiten durante la secuencia. Las letras que quedan entremedio siguen el orden del abecedario al revés.

2 La respuesta correcta es la C. Los números van aumentando. De la A a la D van 3, después van 5, después van 7. Por lo que para la siguiente tienen que ir 9.

3 La respuesta correcta es la C. Se repite la secuencia de la I a la B.

4 La respuesta correcta es la C. Hay dos secuencias. De la A a la C van dos y así sucesivamente. En el segundo caso también van dos, pero han empezado por otras letras.

5 La respuesta correcta es la A. Hay una secuencia que reúne tres letras siguiendo el orden del abecedario. Entremedio quedan letras que hay tres letras de diferencias entre ellas.

6 La respuesta correcta es la D. Hay una secuencia que sigue el orden del abecedario dejando entre ellas una, dos, tres y cuatro letras. Las letras que quedan entremedio siguen el orden alfabético en sentido contrario.

7 La respuesta correcta es la D. Hay dos secuencias en las que las letras siguen el orden alfabético, pero saltando tres letras de este orden cada vez.

8 La respuesta correcta es la B. Hay tres letras de diferencia entre las dos primeras letras y entre la segunda y la tercera. Después van cuatro, salta una atrás y vuelve a empezar.

9 La respuesta correcta es la B. Cada vez que aparece la S sustituye una, dos, tres y cuatro letras que irían en el orden alfabético.

10 La respuesta correcta es la A. El orden alfabético sigue su disposición cada dos letras.

11 La respuesta correcta es la A. Las cuatro primeras letras siguen el orden alfabético saltando dos letras entre medio. Las cuatro siguientes hacen lo mismo, pero en el sentido contrario en el abecedario.

12 La respuesta correcta es la C. Salta seis, cinco y cuatro letras siguiendo el orden alfabético.

13 La respuesta correcta es la B. Cada grupo de tres letras avanza una letra en el abecedario y vuelve a la original.

14 La respuesta correcta es la A. De la D a la I van cinco, de la I a la N van cinco. De la E a la J van cinco y de la J a la solución tienen que ir cinco.

15 La respuesta correcta es la B. Las letras van hacia atrás.

16 La respuesta correcta es la C. Las letras se mueven, 1, 2, 3, 4 y ahora tocaría 5.

17 La respuesta correcta es la D. La A se va repitiendo cada dos posiciones. Las demás van siguiendo el orden alfabético.

18 La respuesta correcta es la B. En el sentido contrario del abecedario van aumentando cada vez una letra a saltar. La otra secuencia también salta al revés.

19 La respuesta correcta es la D. Hay tres secuencias: la primera salta de la primera letra a la cuarta y así sucesivamente. Según el abecedario encontramos la respuesta correcta.

20 La respuesta correcta es la C. Salta una letra del abecedario cada vez.